0支牙刷去旅行

eling With 100 Toothbrushes

谢怡芬 ／ Janet

中信出版社 · CHINACITICPRESS · 北京 ·

我想和 Janet 一起环游世界！

林依晨

第一次看见 Janet 是在屏幕上。她正在主持着她最广为人知的旅游节目《疯台湾》。

从此，我喜欢上她的纯真、率直、热爱生命与坚持活出自己想要人生的态度。后来我直接跑到“学学文创”听她演讲，结束之后与她交换电话号码，简直就是刻意搭讪。

Janet 和我是截然不同的两种类型，她的热情、直接、人来疯以及面对感情时果决而勇于尝试的态度，总教我佩服不已。

我常常听她口沫横飞地述说着学生时期曾经尝试过的精彩历程（到厄瓜多尔当义工之类的）、最近忙的事，或是三十岁以前要挑战完成的事（ex:铁人三项等等）。

我常在心里惊呼：这个大我没几岁的女孩怎么会有这么旺盛的精力和好奇心？她仿佛不怎么需要酝酿，随时随地都是“I am ready！”的状态。

我最喜欢看着她笑笑地说：It's ok! 因为那同时会帮我充足电、打满气。

若是问我最想和谁去环游世界？没有男朋友的话我就选 Janet 啦！为什么？看看这本书里她对生命的尊重与热爱，对世界充满好奇心和关心，你就会明白！

看 Janet 聊旅行，可能比你自己去玩还开心！

小S 徐熙娣

Janet 是我认识的人当中最热爱生命的，我觉得她的每一天都活得很用力。

聊旅行，她爱每一个国家；聊美食，她爱每一种食物；聊电影、聊书，她可以讲得口沫横飞；连聊我女儿时都感觉她挺享受的！

在她身上你找不到颓废、懒散之类的负面情绪，她就像一颗太阳，所到之处尽是温暖热情！我真的没看过比她更适合主持旅游类节目的人！如果是我主持这类型的节目，应该会一直在节目里发脾气骂脏话吧！

化为文字的美丽！

詹仁雄

在娱乐界因为我，而让更多人认识的人实在不少，Janet 是其中一个，但我会经常提起，沾沾自喜的人却不多，Janet 也是其中一个。

严格来说，我跟她，不熟……爱提她，纯粹是很开心自己的眼光得到印证，更高兴大家也看到她因为出外景而藏在灰头土脸下的热情。

干净温暖的热情，在这个注重外貌和包装的行业里，格外珍贵。在我眼中，Janet 是真的很漂亮……现在她的美丽化成文字，让我们可以逐字分享，不必受限稍纵即逝的电视，这很棒。

我希望这本书卖得好，虽然俗话常说成功不必在我，Janet 的受欢迎跟我没啥关系，但更多人因为这本书知道她是我发掘的，我就不用再浪费口水讲这件事了。

P.S. 演艺圈的人，上了年纪都很爱提自己眼光好……

生命只有一次，
如果你活得精彩，
一次就已足够。
——梅·韦斯特

献给 Kevin P. Chao

CONTENTS | 目录

011 **前言** 脑袋一片空白

Part 01
被旅行虫咬了一口

016 被旅行虫咬了一口

022 把世界变成游乐场

028 英明又睿智的姐姐

032 小心翼翼地……让父母心脏病发

042 免费洗车

048 三天学会当医生

054 一支牙刷的影响力

060 那些木瓜教我的事

066 我的法国之恋

072 罗马竞技姐妹花

080 跳进夏威夷的瀑布里

Part 02
未走之路

092 我的小丑生涯

100 一不小心就到了巴拉圭

108 旅行生存指南

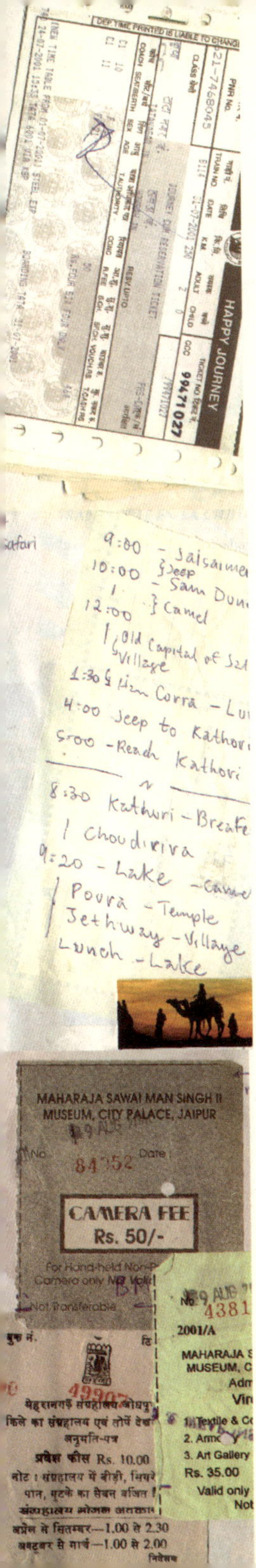

CONTENTS | 目录

114 巴西的圣诞礼物

124 一根胡萝卜就能改变世界

132 印度火车哪去了？

138 印度式求婚词

146 未走之路

152 很痛的一堂课

158 我将保佑你

164 静坐好过什么都不做

172 这份工作是……陪小孩玩

178 沙漠之尿

Part 03

让世界成为你的游乐场

184 一些床上的事

202 打包行李二三事

214 旅途中的美丽秘诀

228 亲几下才不失礼

236 比“Hello”更实用的问候语

244 **后记**

脑袋一片空白

从我学会打字开始，就一直想写一本书，不对！应该是在我学会打字之前，从我自己独自旅行写游记开始，我就想写一本书。写书这件事，躺在我的“待完成事项”的列表上很久很久，只是万万没想到，我出版的第一本书，居然是本中文书。

我很喜欢写东西留下记忆，过去写给朋友或者笔友的信件，一口气就是五页，而且是一次写完。我可以坐在电脑前好几个小时，记录日常生活、旅行游记、新的艳遇、难忘的经历等等，或是写下脑袋里想的任何东西，想到什么就写什么。

我对我的游记十分自豪，我喜欢把旅行中的点点滴滴，遇到的新鲜事物，有趣的人或经验，通过电子邮件分享给所有的朋友。偶尔也会当着朋友的面用夸张的手势和语调表达出来。

终于我多年的梦想即将实现，有出版社愿意帮我出书，我的制作人愿意用我的风格和口吻翻成中文，增添及保留文章有趣的一面。28 年的旅行（其实是29年，因为我妈妈就算怀孕时也很爱到处跑），我有数百万字的文章，N 万张照片，游览 40 个国家的阅历，当我安静下来准备把所有的东西整理给出版社的时候，我却发现，我的脑袋正在放屁。

你们一定觉得莫名其妙，什么是脑袋放屁，英文叫作 brain fart,brain 是脑袋，fart 是放屁，英文 brain fart 就是脑袋一片空白，你应该也有过这种体验，平常文思泉涌，机智聪明，真正到了最关键的时刻，却是一片空白。然后，我想要把一片空白这件事写成一篇文章，结果还是一片空白。

有人说，你只要写，想到什么写什么，不管多么无聊多么无趣，都会写出有趣的东西。我想你看到现在应该知道，很明显这个“有趣的”时候还没到，于是在奇迹出现之前，你大概也没什么选择，只能先看看关于跟放屁、拉肚子有关的琐事，也不知道为什么，我好像特别钟爱这两个主题，真是百思不得其解。不知道 brain fart 是从哪里来的？就像go dutch 一样，为什么去荷兰是各付各的意思？这种莫名其妙的组合，让语言变得很困难，或者也可以说变得很有趣，这也是我喜欢学习语言的原因之一。丰富多变、看似随机但是一定有其原因、跟着潮流变化、可以明确地表达你从哪里来。例如我只要讲一次 Y'all，你就知道我是布什的老乡，得克萨斯州来的牛仔。

当你阅读这本书的时候，请准备好跟我一起到各地旅行。游览各国的奇风异俗，嘲笑我发生的惨事（别含蓄，最好笑到鼻子喷出果汁），从我的错误中学习，和我一起惊喜与感动，或是纳闷我到底在胡说八道些什么。希望这本书带给你的，不只是我去过哪些地方，看过哪些人，做过哪些蠢事。我更希望借由这本书，告诉朋友们（就是你啰）关于我在旅行中学习与成长的故事。

如果你们愿意的话，请通过这本书来认识我。

Janet

Part 01 / 被旅行虫咬了一口

BITTEN BY THE TRAVEL BUG

被旅行虫咬了一口

把世界变成游乐场

英明又睿智的姐姐

小心翼翼地……让父母心脏病发

免费洗车

三天学会当医生

一支牙刷的影响力

那些木瓜教我的事

我的法国之恋

罗马竞技姐妹花

跳进夏威夷的瀑布里

被旅行虫咬了一口

你是否曾经想过为何英文里“旅行成瘾”称为“bitten by the travel bug”？我有个很好的解答——当你在森林里散步、在后院烤肉或是在夏日的溪边野餐，最让你咬牙切齿，恨之入骨的，就是那种小小黑黑又充满病原的吸血怪物（就是小黑蚊啦）。当你没带防蚊液而让衣服外的鲜嫩肌肤、脸，甚至耳朵都变成它们的大餐时，那种非抓不可的感觉就跟旅行上瘾一样，抓起来很舒服但是越抓越痒。一旦被旅行的小黑蚊咬上一口，恭喜你加入我的行列，终身必须用旅行来止痒。

探索无数的城市、品尝各种的美食、邂逅各地有趣的人物，当我通过旅行了解越来越多的异国文

化与风情，我就越是停不下来，越想出走。那是种无可救药难以自拔的感觉，就同被小黑蚊叮到一样痒，但这种痒的感觉很不错。

我曾认真想过到底为什么，为什么我会旅行成瘾？难道是基因的问题？还是在我成长的过程中逐渐累积发展的呢？我找不到绝对的答案，但是我很确定，非常非常地确定，我亲爱的家人一定是帮凶。

我的父母亲都非常有冒险犯难勇于尝试的精神，我妈妈是她全家族第一个拿到汽车驾照的女人（虽然在学车过程中出了点小小的意外，她撞上了水泥墙）。当我老爸（当时还是男朋友）说要去美国得克萨斯州念研究生的时候，她连想都没想，直

1 被旅行虫叮上的谢氏家族

2 奶奶与我在新墨西哥的白沙国家公园

3 1 岁时在布莱斯峡谷

接跟我爸说："酷！一起去吧！"

我对旅行、户外活动、运动、大自然，以及探险的热爱，都是遗传自我的父母，是他们灌输给我的观念。可能是因为工程师的背景，老爸非常重视行程路线图。旅行前，我们会花上几个小时，仔细研究 AAA 地图（美国专门向开车旅行者提供详细交通食宿咨询的书籍），找出每一条路线，弄清楚路到底通往哪里。

我们家花钱的顺序很简单：存钱上大学、存钱旅行，花完这两项，基本上也就没什么钱。所以家里没有名车，没有彩电，没有名牌衣服，也没有最新的电子游戏机之类的东西。

至于我老爸对旅行的热忱，应该是遗传自我奶奶（她是让人赞叹的女人，我们都用台语叫她"阿嬷"）。我奶奶在高雄凤山出生长大，个头非常娇小，四尺一寸#。奶奶的爸爸也就是我的外曾祖父，是凤山茶公司的老板，家境富裕。对我们来说，奶奶不但漂亮有头脑，更重要的，她有一个勇于冒险的灵魂，独立自主，渴望探索更多新鲜的事物。

在她的年代里，女人念几年书，学会烹饪缝衣服，嫁个好人家，至少生六个孩子，抚养孩子长大完成学业，帮小孩完成终身大事，是当时传统台湾女人应该要走的一条路。在那个年代，不要说是女孩，就算是男人，也很少受过中等教育，更别说是一个人独自出国求学。

四尺一寸，相当于 140 厘米。——编者注

可爱的奶奶与我

我的奶奶就在那保守的年代，瞒着父母亲申请日本的学校，同时也顺利地拿到入学许可到日本念书。结果呢？结果是她的父亲把她从日本拖回台湾，然后奶奶就嫁给了我爷爷。日本念书的挫折并没有浇熄奶奶的热情，在小孩还小的时候，她开始学葡萄牙文，因为她想移民到巴西。之后她又学习法文，然后在中非的比属刚果（之后叫扎伊尔，最后成为今天的刚果共和国）住了四年。

我的爸爸、妈妈，还有奶奶可能没有想到，他们带着年幼的我以及我姐姐四处旅行的时候，不知不觉中，我们开始对异地风情、不同的文化产生兴趣。我们学会不同的语言，还有新的脏话，旅行让我们了解，原来在学校制式的课程之外，这世界还有许多值得去探索与学习的新鲜事物。

所以，2002 年，因为想要继续旅行甚至环游世界，因为想要当模特儿体会另外一种生活，我决定放弃医学院的学业回到台湾，我的爸妈虽然大力反对，但是坦白说他们实在怨不了谁，因为我最亲爱的父母，就是让我对旅行与冒险上瘾的小黑蚊。

旅行小黑蚊也叮上了谢氏家族的下一代，我的外甥 Ian，在他十个月大的时候，已经去过中国的大陆以及香港、台湾地区，菲律宾，塔吉克，美国得克萨斯州，纽约，科德角，波多黎各，圣基茨，巴贝多，安提瓜，圣卢西亚，多米尼克，圣托马斯，西班牙，芬兰，瑞士，约旦，阿拉伯联合酋长国，澳洲，你自己数数几个国家吧！

我希望我的经验会激励你离开熟悉的环境出去旅行，即使冒着可能被吸血鬼围绕的风险，都要出去走走。我希望我就是那旅行的小黑蚊，在你们每个人的身上都咬一口，让你们罹患奇痒无比的旅行瘾头，必须搔遍地球的每一个表面才能止痒。

把世界变成游乐场

我一直觉得我很幸运，我的父母从小就用身教鼓励我们用各种不同的方式去旅行。在我学会走路之前，在我还搞不清楚到底该在哪里尿尿的时候，他们就带着我和大我七岁的姐姐跑遍大江南北。我们去沙漠、去露营，到美墨边界、到大峡谷、到迪士尼乐园（我老爸说迪士尼乐园是一个具有教育意义的地方）。我们开车（爸爸开啦）横越美国，到新泽西看我奶奶(那是我第一次看到雪,第一次滑雪,第一次摔断我的手指头）。我们也会去爬山，穿越原始森林，或是开车到得克萨斯州的海边抓螃蟹。

很快的，只在美国旅行不再能满足我，我渴望走得更远，渴望离开美国探索这个世界。问题是，我该用什么样的方式出国呢？旅行的方式有很多

种，可以跟团、跟家人（请参阅第 178 页的《沙漠之尿》）、当义工（请参阅第 054 页的《一支牙刷的影响力》）、搞个乌龙（请参阅第 100 页《一不小心就到了巴拉圭》），或者死缠烂打加上苦苦哀求，然后再很用功地练好小提琴来加入一个小提琴演奏团（请参阅本篇文章）。

我承认我很爱表现，我喜欢聚光灯打在身上的感觉，所有的焦点都集中在我一个人身上，世界仿佛围绕着我而旋转。

我五岁开始学小提琴，当时上课的时间刚好就在得克萨斯州名家青少年小提琴演奏团（Texas Young Virtuosos）的练习时间之前，我的小提琴老师 Ms.Durfee-Gertsman 正是这个团体的团长与指挥。每次我一下课，都会找个理由在教室外

1 得州名家青少年小提琴演奏团

面闲晃，偷看他们练习，他们真的拉得很好，音乐整齐划一，不会有人在状况外。不过我之所以下课不赶快溜回家玩的原因，是因为他们的团服。

我一直认为是他们的团服让我义无反顾，渴望加入乐团成为名家的一员，虽然我根本搞不清楚“名家”是什么玩意，但是我想要穿上他们的衣服，跟他们一起表演，这一定很酷。

因为我的年纪太小（其实水平也不太够啦），老师并不愿意我加入乐团，我只好不断地哀求她，用我最无辜的眼神感动她。我还拍胸脯保证，一定夙夜匪懈，不眠不休地练琴。最后，不知道是因为可怜我，还是希望我离她远一点，Ms. Durfee-Gertsman答应了我的请求，让我成为名家的一员。我也理所当然，开开心心地穿上我梦想了很久的团服。

除了好看的团服之外，加入乐团还有一个好处，就是可以到处巡回演出。除了休斯敦的琼斯表

客厅练习小提琴

思暮想的团服

演艺术剧院（Jones Hall）、华顿剧院（Wortham Center）之外，最让人兴奋的是，我们还征服了白宫。是的！就是美国总统办公居住的白宫，可不是什么叫白宫的餐厅或主题乐园之类的地方。

那一年我才九岁。

白宫的演出应该算是成功，现场的官员们并没有因为我们奇怪的问题或是傻笑而破坏印象，因为就在白宫的演出之后，我们收到法国的邀请，到巴黎音乐学校表演。就这样，欧洲之旅成行，我的护照上，即将被用力盖上第一个戳章。

抵达巴黎的当天，我们受到热情的欢迎，虽然每位小名家都因为长途飞行以及时差而疲累不堪，但是大家都很兴奋。主办单位为我们举办了一场欢迎会，每个小孩都开开心心地抢着喝饮料，有的喝冰凉的绿茶，有的喝了葡萄汁。

15 分钟后，有些家长突然发觉他的小孩怪怪的，举止不太正常，讲话有点大舌头，是太累的原因吗？还是因为时差？或是因为第一次出国兴奋过头？

于是我们上了关于文化冲击的第一课，这门课，我到现在都还在修学分。

法国不像美国，喝酒有年龄限制，在法国谁都可以喝酒。而且，你知道吗？白酒看起来很像绿茶，红酒本来就是含酒精的葡萄汁。对十岁的小孩来说，一杯红酒或白酒，就足够让他搞不清楚爸爸妈妈在哪里了。

虽然不是在学校，但是那一趟欧洲之旅，却给我们上了好几课，而且终身难忘，终身受用。例如在法国餐厅如果你点 steak tartare 这道牛排餐，那么你也别告诉服务生要几分熟了，切开肉片，保证能看到血水；在南法的海滩面对各式各样大小不一的乳房在眼前晃来晃去，千万不要嘴巴开开瞪着人家看；在巴黎街头站太久，如果不是狗主人硬把狗狗拉走，巴黎的狗会当你是不会动的雕像，想在你的脚边尿尿做记号……多么美好的时光啊！多么的美好！光是回忆就让我陶醉！

也许你没办法像我一样，加入小提琴乐团四处巡回演出，但这不代表你就无法探索这个世界。你还是可以找到你的方法，用你的方式，花点儿心思，搞些创意，无论你是九岁还是九十九岁，跟我一起，把这个世界当成自己的游乐场吧！

智者语录（除了最后一个人）：

One's destination is never a place, but a new way of seeing things.

——Henry Miller

旅行的目的不在于一个地点，而是找到一个看世界的新方法。

——亨利·米勒

Don't be a tourist; be a traveler.

——Anthony Bourdain

别当观光客，当个旅行家！

——安东尼·波登

Do not go where the path may lead; go instead where there is no path and leave a trail.

——Ralph Waldo Emerson

别走已经有的路，走没路的地方并留下新的道路。

——爱默生

If you come to a fork in the road, take it.

——Yogi Berra

看到岔路就勇往直前吧。

——尤吉·贝拉

Let the world be your playground.

——Janet

把世界当成你的游乐场。

——谢怡芬

英明又睿智的姐姐

❶ 姐姐与我

我参加的小提琴乐团再度受邀到欧洲表演，距离第一次去欧洲巡回已经两年，当年我十岁，现在我十二岁，我不再是刚加入乐团的菜鸟，现在的我是个成熟而且有经验的音乐家（当时我是这么认为）。虽然已经十二岁，自认够独立，可以打理自己的生活，但是我的团长兼小提琴老师仍然坚持必须有家长随行。但是爸爸跟妈妈那一年的夏天工作非常忙碌，实在挪不出两个星期的时间陪我去欧洲，所以他们让我的姐姐克里斯汀陪我，负责照顾我。克里斯汀那年十八岁，年纪比我大也比我聪明，是美国法律认定的成年人。

1992 年的得克萨斯州青少年名家小提琴乐团成员的年龄层，从 4 岁分布到 15.5 岁，平均年龄

10.25岁。除了日以继夜的彩排和在车上也要预演之外，这趟旅行全部都很有趣。部分的团员与我两年前一样，第一次出国，所以很兴奋；我们这些去过的人则是因为能外出旅行，做些跟学校里其他孩子不一样的事而感觉很酷。说真的，在欧洲巡回比起参加夏令营或整个暑假待在家里看卡通或回放影片有趣多了。

这一趟欧洲巡演去了很多国家，可惜的是，我们花太多的时间排练以及演出，很多地方都没有时间好好地去探访，例如荷兰的恩斯赫德、阿姆斯特丹，德国的不来梅、乌帕塔等地，这些地方到底有什么特色，我完全没什么印象，但是我永远不会忘记巴黎（虽然细节可能有点出入），而忘不了巴黎的原因接着看下去你就会知道了。

克里斯汀（请记住是两姊妹中较年长又较聪明的那位）出发前看了一本旅游书，书上说在法国葡萄酒是最便宜的饮料，比水或果汁都还便宜。我们觉得不可思议，酒比水便宜，怎么可能，我们决定效仿科学家实证的精神去证实这个传闻。某天晚上，原本是练习小提琴或早早滚回床上睡觉的时间，我英明的姐姐带着几个小孩，偷偷溜出饭店，来到巴黎街头，打算证明书上说的到底是真是假。我们走进一家便利商店，察看各类饮料的价目表，结果发现，真的有比水还便宜的葡萄酒，作者没有骗人。

既然已经证实书上的内容，我们应该离开便

利商店，直接回酒店。这时候，有个家伙突然说："我听说，法国不会检查身份证，任何人都可以买酒。"我们觉得这家伙肯定是疯了，怎么可能不看身份证？在美国，必须年满 21 岁才可以喝酒，卖酒给未满 21 岁的年轻人是违法的，店家会被起诉罚款。所以除非你的样子看起来很老，否则酒吧和商店一定会检查身份证。买酒不限年龄，怎么可能！

既然实践证明法国葡萄酒可以比水便宜，那么何不试试到底是不是任何人都可以买酒呢？于是我们拿了两瓶最便宜的红酒以及一瓶雪碧（因为又有个家伙宣称他听说法国红酒加上雪碧是人间美味），然后大咧咧地走到柜台结账。

哔哔两声（收款机的声音），"17 块法郎，谢谢！"没有检查身份证，也没有多问一句话，店员把红酒和雪碧放进纸袋交给我们，是真的，真的谁都可以买酒耶！我们这群小小科学家证明，两个流言都是真的。现在，只剩下雪碧加红酒等于人间美味有待证实。我们赶紧回酒店，直接冲进老姐房间，以研究之名，调制便宜红酒 VS 雪碧的神奇饮料。

我很想告诉你们后来发生的事，但老实说，我也搞不大清楚。只依稀记得有一群气急败坏的家长走进房间，发现六个小朋友（或是七个，也可能是八个），满脸红通通，四肢软趴趴地散布在房间的每一个角落，脸上挂着傻傻的笑容。大人们把我们拉起来，打算好好训斥我们，可是发现我们根本

听不见他们说些什么，只是瞪大眼睛冲着他们一直笑。没多久，每位“研究员”都摇摇欲坠，相继倒在彼此身上。于是真正的监护人只得放弃晓以大义的念头，纷纷带着自己酒醉的孩子回房间。

在那个让人难忘的夜晚，我那充满智慧、英明的姐姐带着我们证明了几个传言：1. 法国可以买到比水还便宜的葡萄酒。2. 法国买酒不检查身份证（就算是一群眼睛没瞎就看得出来是小孩的人来买酒）。3. 红酒 VS 雪碧真的很好喝，一点都没有酒精的味道，可以一下子喝很多。4. 未成年的儿童 + 十八岁的监护人（我英明睿智的老姐）+ 红酒 VS 雪碧 = 一群傻笑的小孩 + 一群无奈的家长 +1992 年欧洲巡回演出中最难忘的夜晚（或者说最难记住的夜晚）。

小心翼翼地……让父母心脏病发

1992 年巴黎烂醉事件之后，我很惊讶爸爸和妈妈还会同意让姐姐克里斯汀带我去墨西哥旅行，我以为英明睿智的老姐会被禁足到我成年为止。

墨西哥市是全世界最危险的城市之一，每年有 1,100 件谋杀案、2,500 件致命车祸、4,000 个人死于环境污染，还有每天会发生 70 次绑架案，我和老姐深深觉得这趟旅行一定会很刺激。除了我和克里斯汀之外，妈妈还丢了一个艰巨的任务给我们：带从没出过国的表妹杰西卡同行。我表妹只离开过得克萨斯州一次，但是没离开过美国，所以基本上，她的护照上还是一片空白，是旅行界的菜鸟。

为了写这篇文章，我特地打电话去问我老姐，到底为什么会选择一个全世界最危险的城市之一当

❶ 我、聪明又睿智的姐姐克里斯汀、旅行界的菜鸟杰西卡

作表妹第一次旅行的地点，她想了半天说她也不知道，可能是因为机票比较便宜吧！我猜去哪里对我们来说根本不重要，只要是旅行就可以满足我们了。

我也问我妈妈为什么会让我们去墨西哥市，不怕发生意外吗？她也想了半天，然后说：我不知道耶！你们说要去，杰西卡也想去，她又没出过国，所以我就让你们一起啰！难怪！难怪杰西卡的妈妈那时紧张得要死。对喔！我怎么会答应让你们去墨西哥的？

我们非常缜密地规划行程，写下每一个细节。例如住哪个旅馆、旅馆的联系电话、当地导游的联系方式、每天会去哪些地方、会做哪些事、万一发生什么事情应该联系谁（那时候没有手机可用）。经过几次的模拟推演，一切似乎都在掌控之中，感觉没什么好担心的。爸妈也没想太多，对我们（一个大学生与一个即将读高中的初中生）也很放心，他们相信我们可以照顾自己，也可以照顾好第一次出国旅行的表妹。

我觉得我爸妈实在不应该对我们这么有信心的！所谓计划永远赶不上变化，意外就发生在去太阳金字塔的时候。参观完金字塔之后，我们就在附

近闲晃，走着走着发现一丛仙人掌，仙人掌的上面结满熟透的果实。看到仙人掌我突然想起曾经看过一本书，书上说，仙人掌的果实营养丰富，富含水分。如果在沙漠迷路，找不到东西吃，仙人掌果实是不错的选择。

唉！我想我跟克里斯汀实在要慎重考虑停止验证“好像在哪里看过……”这件事，因为“好像在哪里看过……”经常引导我们进入灾难现场。

我小心翼翼地避开仙人掌的刺，从树上拔下一颗果实，然后用力挤它，想要挤出书上所说的“富含营养与水分的果肉”。你们一定也跟我一样，很想知道到底书上说的是真是假？仙人掌果真的好吃吗？坦白说，我也不知道，因为我没有机会和心情去弄清楚。

书上说仙人掌果实鲜嫩多汁，但是作者忘了提醒读者果实和树干一样有刺，而且一旦刺进肉里，就很难拔出来。于是我大声惨叫，杰西卡立刻冲过来，紧紧抓住我的手说：“我看看。”

在这里我想建议一下“好像在哪里看过……”这本书的作者，可不可以请你加写一段，仙人掌果实是有刺的，还有，当你被仙人掌刺刺到的时候，如果有另外一个人跑过来紧紧抓住你的手，会把原本可能还有机会拔掉的刺刺得更深，同时，也会刺伤对方。于是，杰西卡和我满手都是仙人掌刺，我们痛得一路哀嚎回旅馆。

经过仙人掌事件之后，我们决定离开，离开可恶的仙人掌，离开污染严重的墨西哥市，去寻找更具墨国风情的地方。从杂志上我们看到关于阿卡普尔科的介绍，文章中把这里描述成不去会后悔的地方。于是我们以最高的效率，在最短的时间内查清楚巴士出发的时间，然后打包退房。

克里斯汀带着双手伤痕累累的我和杰西卡，高高兴兴前往阿卡普尔科这个美丽的海滩城市。

如果杰西卡的妈妈没有一时手痒，拿起电话打到墨西哥市的旅馆想要关心一下女儿，那么除了仙人掌之外，一切应该都很完美。我的爸爸妈妈可以好好享受一个没有小孩烦他们的美好假期，我们的墨西哥之旅也可以有个美好的结尾。

旅馆柜台清查记录之后，告诉杰西卡的妈妈说我们退房了，不知道去了哪里，也没办法联系到我们。挂电话的时候，他还很有礼貌地说谢谢再见，无视电话的另一头，杰西卡的妈妈一阵晕眩，完全讲不出话来，整个人仿佛掉进黑洞。

啊！对了！我忘记告诉你们，杰西卡是我阿姨唯一的小孩。

我们三个人在阿卡普尔科待了整整四天。潜水、游泳、晒太阳、在海滩上追逐嬉闹、大啖墨西哥美食，晚上围在一起讲鬼故事吓自己，或是说些冷笑话。我们原本打算在海滩露营省点钱，后来想想，还是决定阔气一点找家旅馆住。旅馆的人告诉我们，当地海滩，是全阿卡普尔科犯罪率最高的地方，强暴抢劫每天晚上准时上演，真是好险。

我们那几天玩疯了，就算在房间也没有闲下来。打枕头仗、从一床跳到另一床，还把尖叫的杰西卡用毛毯包起来（因为她有毛毯恐惧症）。我们完全忘了得克萨斯州，忘了爸爸妈妈，忘了打电话回家，忘了告诉家人我们更改行程到阿卡普尔科玩。

四天之后，搭上巴士回到墨西哥市，依照原先缜密的行程规划搭飞机回得克萨斯州。我们一身小麦肤色登上飞机，行李箱中塞满了买给家人的纪念品，因为墨西哥美食实在太可口，所以每个人也多带回了几公斤的脂肪。几小时后，飞机降落休斯敦机场。

阿卡普尔科

走出闸口，我的阿姨冲出接机的人群，紧紧抱住杰西卡，画面定格至少十分钟，她的脸上露出终于松口气的表情。原来她自从打过电话之后，每天都担心得睡不着觉，每一分钟都在等着我们打电话回去报平安。

随着时间一分一秒地过去，她开始猜想，我们是不是迷路了？会不会被绑架？被强暴？还是被谋杀？被车碾过去？我们会不会在医院，害怕又无助？整整四天毫无消息，她也想尽各种惨绝人寰的灾难。

我想当父母的人一定能体会我阿姨的心情，孩子四天音讯全无，她仿佛掉进地狱，煎熬了四天。墨西哥之旅的结局并不是人人满意，最起码杰西卡的妈妈就不是很高兴，她从此再也不让杰西卡跟我们两姊妹一起旅行。

墨西哥之旅是杰西卡跟我们姊妹的第一次，也是唯一的一次。

我们（包含正在阅读的你们）总是觉得爸妈真的想得太多，干吗这么担心。可是事后想想，我们三个人真的很幸运，没有发生什么事，否则还真没人可以找到我们，因为也不知道该去哪里找。所以有人为你担心是好的，因为那代表他们爱你。

现在我们都长大了，克里斯汀和杰西卡都结婚有小孩了，我有强烈的预感，风水轮流转，有一天她们的小孩，也会给她们来场吓出心脏病的旅行。

Sally 妈妈（我妈啦）的建议：

旅行的时候不要吝啬给家里打个电话，一通电话可以给你所爱的人一颗平静的心。爱，有时候就只是打个电话。

免费洗车

第一次独自出国我 16 岁，地点是厄瓜多尔。

厄瓜多尔是著名的加拉巴哥群岛的本岛，也就是达尔文观察物种提出物竞天择进化论的地方。那里有类似香蕉的水果，当地称为大蕉；安第斯美食香烤天竺鼠；首都基多是全世界离太阳第二近的地方；欧美歌舞天后克里斯汀娜也算是厄瓜多尔人，因为她老爸在这里出生。

嗯，听起来厄瓜多尔好像不是个很好玩的地方。或许不是每一个人都对厄瓜多尔有兴趣，但是选择厄瓜多尔作为我独自旅行的首站当然有我的理由。

我在得克萨斯州出生长大，这里临近墨西哥，深受拉丁文化影响，我从小就对这个以热情著称的文化非常感兴趣。我学西班牙文，喜欢墨西哥美食如高脂味美的奶酪、酸奶油、酱料、酪梨色拉酱、豆泥、涂上厚厚一层奶油的牛排。虽然这些食物有点改良，不算是地道的拉丁美食，但是这无损它们在我心中的地位，反而更激起我对南美洲食物的好奇心。

美食当然不是我选择厄瓜多尔的主要原因，最重要的是我想探险，我想在 16 岁那年夏天做些与大家不一样的事，我想挑战自己，我想睁开双眼看看这个世界。

而且，谁知道？也许这世界上还有比墨西哥美食更让我陶醉的食物哩！

于是我申请了“友好美洲义工计划(Amigos de las Americas volunteer program)”。当我得知自己被录取的时候，我还难以置信，我的运气真有那么好？一整个暑假，整整两个月，没有爸爸妈妈、没有学校、没有电视、不用说英语。天啊！我应该紧张害怕吗？可是我完全没有，我只觉得莫名兴奋。

兴奋过后还是得面对现实，因为是义工计划，所以必须自己筹措旅费。寄宿家庭的住宿费加上援助当地医疗的费用，一共两千美元，大约七万台币，对一个学生来说，并不是小数目。

更惨的是，无论偷拐抢骗，我必须在三个月内生出这笔钱。如果你觉得很简单，请记住，这三个月我还得上课。

我想尽各种办法筹钱，在家里烤饼干，卖给邻居和台湾同乡会一些无辜的“受害者”。我也写信给朋友、老师和企业说明原因来募款。最后实在没办法，我还去洗车赚钱，而洗车的经验，让我了解到朋友是多么的重要。

为了顺利拓展洗车业务，我到加油站询问能不能免费让我用水，以便在他们的入口设立临时的洗车服务处。我买齐各类材料（那时才发现，传言用报纸擦玻璃很好用不是诓人的，因为报纸不会像毛巾一样留下毛屑或是擦拭的纹路），找来好友帮忙洗车。我制作了各种大小的广告牌，上面写着大大的“免费洗车”字样。

没错！百分之百“免费洗车”，不收钱！

你们一定很质疑我的做法，花钱买材料然后免费洗车，是脑子坏掉吗？难道财神爷会看你可怜就撒钱给你啊！你还不如站在 TexMex（得克萨斯州知名的墨西哥快餐店）的点餐车道上募款比较快，搞不好还可以顺便捞点食物吃。免费洗车，怎么赚到钱？

我的策略是这样，请我最美丽、最可爱的朋友（谢谢你，Lily！你真是我的好朋友）高举“免费洗车”的牌子站在路边，吸引顾客。

美色果然奏效，没多久，车子就一辆辆开进陷阱。我们一拥而上，卖力地洗车。洗车免费是真的，但是小费总要给吧！所以洗完之后，我们会竭尽所能地谄媚车主，拍他们马屁，赞美他们的爱车，同时也心机很重地带上两句：唉！刚才那些开奔驰、宝马、保时捷的车主好小气，我们这么认真，居然才给二十块钱小费，我相信你一定不是这种人。

然后睁大眼睛，做出全世界最无辜的眼神，期待地看着受害者。通常，他们都会无奈地掏钱。

当天洗车结束，扣掉买材料的钱，还有下厨煮晚餐犒赏大家的钱，我们十个人，花了一天的时间，满身臭汗，全身脏兮兮、精疲力竭，一共赚进五百美元，解决了四分之一的金额，我们真的还挺厉害的。

就这样，三个月后，没有向父母要一毛钱，我成功筹到两千美元。但是我获得的远远超过两千美元。

自己规划，自己动手赚钱，写信募款、设摊位洗车，我了解到钱真的很难赚，爸妈实在很辛苦，朋友真的很重要，友谊一定要好好珍惜。

后来的厄瓜多尔义工之行，对我影响深远，改变我很多。仔细想想，其实厄瓜多尔义工行程带给我的成长，在还没有登机前就已经开始。就在走往加油站的路上，我已经开始大步迈向成长的历程。

所以，请不要拿“我负担不起”或“我做不到”作为放弃逐梦的借口，如果你真的想要完成某些事情，只要有点创意、有决心，还有一群贴心的狐朋狗友，你就无所不能，就连财神爷都愿意没有任何原因地撒钱给你。

阻碍无法击垮我。每一次阻碍只会激起我更坚定的决心。意志坚定的人就不会改变其心意。

——李奥纳多 · 达 · 芬奇

“Obstacles cannot crush me. Every obstacle yields to stern resolve. He who isfixed to a star does not change his mind.”

——Leonardo da Vinci

三天学会当医生

三天的时间你可以学会潜水、学会使用电脑、学会一点英文，但是我打赌你一定不相信三天的时间也可以学会如何当一个医生。好吧！或许我不该说是医生，因为三天学不会看病，但是至少可以学会如何帮人打针。

“友好美洲义工计划”的义工来自全美各地，不同的年龄以及不同的成长背景。在出发前有个三天的培训，学习关于文化差异以及如何适应当地生活；例如如何用帮浦或滤水药剂过滤水质、如何避免因为水土不服一直跑厕所、如何在一个语言不通的国家活下来、如何表现出自己友好善良的一面、如何遵守协会规定（包括禁止吸烟喝酒，以及不能与当地人太“麻吉”）等等。

其中一门课程就是学习如何打针，是的！就是拿尖尖的针头戳进人或动物的身体，然后把药水推进去的那种打针。学打针之前，老师发给我们每人一支大针筒和一颗橘子，不过真正开始上课的时候，我的老师很无奈地又补发一颗橘子给我，因为我还没等老师解释橘子的用途，就把橘子剥皮吃了（不能怪我！这一定是对尖锐物品的紧张反应造成的短暂性白痴）。

你一定很好奇为什么要帮橘子打针？老师解释说橘子皮的构造很类似人或动物的皮肤，所以在真正开始帮人打针之前，最好先拿橘子来练习。我们在帮橘子打针的时候当然不会紧张，但是为了学会打针，我们必须有活体经验，所以在课程的最后必须互选受害者真正地打一针。

我觉得这门课最可怕的部分就是你必须要帮你的伙伴打针，而且如果是你先打就更倒霉，因为受害者通常会反过来变成加害者，把你的手臂当作报复与发泄的对象。

关于打针这件事，培训过程中有一件事他们忘了提，我是后来在帮我同学打针，而且是很痛的一针的时候才知道。就是当针戳入人体，肌肉会自动绷紧，产生抗力，不是像橘子那样从容不迫处之泰然。一开始我因为力道不对，所以没办法马上将针打进应该有的深度，当我因为阻力而顿悟到这件事情的时候，我手里握的针头正卡在受害者手臂肌肉里，这时候因为深度不对所以也不能注射药物，当下我有两个选择，把针拔出来，或是用力把针再推深一点。

想象我手里拿着针筒，针头插了一部分在另一个人的手臂上，被打的人脸色铁青眉头深锁，我紧

我与来自世界各地的义工

张个半死，手抖到不行，我的伙伴则是害怕得要死，一句话都不敢说，免得让我更紧张。我决定不拔针，于是针继续打，手继续抖。我深深地吸了一口气，以超缓慢的速度把针头再往肌肉里推。

我们的痛苦都写在脸上，我忘了是谁先哭，是谁哭得比较惨，是我那惨遭蹂躏的同学，还是即将面临报复厄运的我？

还好我的伙伴从我的失败中学得教训，而且她宽宏大量，完全不记仇，她打的那一针又快又狠又准，干净利落而且完全不痛。在我要放声大哭之前，针已经打完了。不过印象中我好像还是哭了，因为我终于从紧绷的情绪中解脱了。

就这样我们完成了训练，然后分别被送到不同的国家去，“一针针”地完成我们要改善世界的使命。

两个月后，我从厄瓜多尔回到我亲爱甜蜜的家。这时候我已经可以闭着眼睛、背对着人打针，或者一次拿两支针同时帮两个人打针。或许我形容得太夸张，但重点是那个菜鸟橘子注射者 Janet 已经变得宇宙超级无敌专业。

打针这项技能在后来的日常生活中我并不常用，也不是我在求职时会写进个人简历的专长，但是我却从中学到不少宝贵经验。包括：

- 除了恐惧本身之外，没有任何东西值得害怕。
- 如果你假装很有信心，你就会表现得很有信心，自我催眠其实不是一件难事。
- 做事凸槌[#]会让你感到挫败，但失败的经验正是我们最好的老师。
- 对周遭的朋友好一点，因为你永远都不知道“针筒”究竟会落到谁手上。

[#] 凸槌，闽南语方言，固执的意思。
——编者注

一支牙刷的影响力

带着宠物来打预防针的小朋友

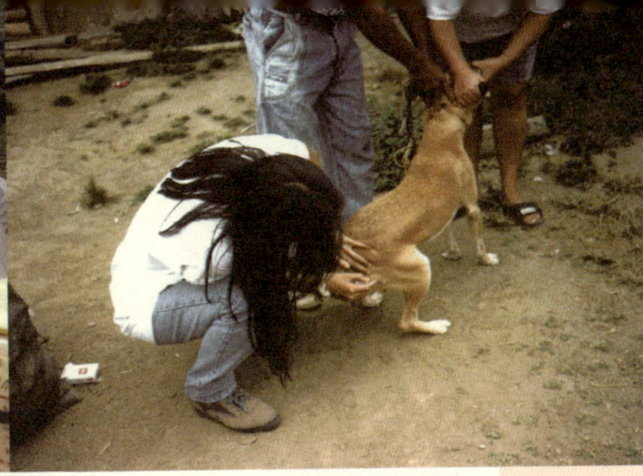

我在帮小狗打狂犬病疫苗

我在厄瓜多尔的小村落乔内所受到的文化冲击，并没有出发前大家所警告的那样严重，相反的，我适应得很好，学西班牙文、做义工工作、认识很酷的人、参与有趣而特别的活动，日子过得很快乐，一点都不会想家。（抱歉！老妈！）

暑假我的同学不是在家玩电动游戏，就是去购物中心打工赚钱，开学的时候可以去买新的 T 恤或是 BB Call（你现在知道我没你想象的年轻吧！）。我则是在厄瓜多尔一天花两块美元地过生活。三件衣服穿两个月，用我破烂的西班牙文和当地居民沟通，每天在大太阳底下满身大汗，等着村民带家里的宠物来排队打狂犬病疫苗。

看起来很辛苦，但我很享受这样的日子，充实而愉快。我费尽千辛万苦来到这里，在这里努力工作，工作内容对我的未来看似毫无帮助，可是事实上，这一年的夏天，却是我最难忘，收获最丰富的一个暑假。

我们所在的地区爆发了大规模的狂犬病，为了控制疫情，我们必须帮当地的猫狗注射疫苗，这也代表我们可能在注射的时候被咬，因而感染狂犬病。

教小女孩刷牙

但是我并不太在乎，看到这么多村民主动带宠物来排队打针，他们相信我们可以保护他们的家人以及宠物，避免疾病的攻击，那种被信任的感觉让我很感动。

更何况，当地的小孩纯真可爱，总是围绕着我们跑来跑去，对我们充满好奇，有了他们，我想猫狗也很难攻击我们。

注射疫苗的服务区通常都设在学校，因为学校是当地村落的中心点，对村民来说比较方便，也因此，我们常常被大批的学生包围，他们对我们这些外国人相当好奇。

有一天，我们和这群好奇宝宝聊天的时候，不知道为什么聊到刷牙这件事（我真的不太记得是什么样的状况或过程，把话题引导到刷牙）。在谈话中我们赫然发现，没有一个小孩对刷牙这个话题有反应，他们的眼神充满困惑，因为他们的生活中没有刷牙这件事，也从没看过牙刷。

我教小朋友们刷牙

所有的义工都非常讶异，不过我想小朋友对我们的描述恐怕更加惊吓：用一根柄绑上一撮细细的长毛，然后放进嘴里上下移动。

于是，我们立刻派人到最近的城里买下商店里所有的牙刷，回到学校送给所有的小孩，还花了十分钟教他们正确的刷牙方式。上上下下、前前后后、来来回回地把牙齿清洗干净，吃完饭、睡觉前，保持口腔的健康。小朋友很喜欢他们的新玩具，每一个人都迫不及待地想赶快回家向家人展示。

一个月后，我们回到这所学校，想要突击检查小朋友们有没有照着我们的方式刷牙。小朋友看到我们都很兴奋，每个人都咧开嘴露出洁白的牙齿，直接以行动告诉我们答案。我想我的招牌笑容，露齿微笑装可爱，应该就是从这群小朋友身上学到的。

就在我们既欣慰又骄傲的时候，小孩子们也热切地跟我们分享这一个月来的心得。除了依照指示身体力行，每天按时刷牙之外，他们也以发现新大

小朋友们和他们的家人都学会了刷牙

陆的自豪心态，花十分钟教导全家族。包括爸爸妈妈、兄弟姐妹、叔叔伯伯阿姨、祖父祖母、堂兄弟姊妹、表兄弟姊妹、一表三千里的远房亲戚、左邻右舍、方圆五公里内的邻居，就算是初次见面的陌生人，也都享有免费的十分钟刷牙教学，他们成功地让全家人养成每天刷牙的好习惯。但问题是……他们全家只有我们送给小朋友的那一把牙刷。

在牙刷事件之后，义工协会给即将来的义工的信件中多附记了一条，请多带一点牙刷来厄瓜多尔。牙刷事件也让 16 岁的我深刻了解，我们对周遭环境的影响力，远远超过我们的想象。十分钟简单的刷牙课程，竟然一个月内就拓展到全村，改变了他们的生活习惯，也让村民更健康。所以在关键时刻，千万不要觉得自己渺小或能力不够，因而怯懦退缩，只管放手去做，之后的结果，或许会大大出乎你的预料之外。另外也要提醒你，出国旅游，多带点牙刷吧。

那些木瓜教我的事

你觉得一颗木瓜值多少呢？六十元台币或是两美元？像吃到饱餐厅那样免费供应？还是你根本就不喜欢这种软绵绵的水果（除非是加上鲜奶、糖、还有碎冰块变成木瓜牛奶），所以木瓜对你来说是一文不值。

也有可能你跟 16 岁时的我一样，认为木瓜就不过是一种夏天随处可见的黄色多肉水果，没什么特别，谈不上什么价值。可是十多年前的一颗木瓜加上一个厄瓜多尔的小女孩，却对我影响深远，不但改变了我的人生观，也让我了解，原来一颗木瓜的价值有时是无法估算的。

我 16 岁在厄瓜多尔当义工帮宠物施打狂犬病疫苗，注射疫苗之后，当地人都会希望能给我们一点钱或是一些礼物，谢谢我们的帮忙。我们一般都会拒绝，因为我们是无条件到当地服务的学生义工，我们希望他们也把我们当成义工看待，不必特别回馈什么礼物。况且，从当地人身上获得的生活经验和历练，并不是金钱所能衡量的，对我来说，这些经验与历练，都是无价的收获。

有一天，有个小女孩抱了一只小狗来找我注射疫苗，打完疫苗之后她非常有礼貌地谢谢我，并且告诉我她要回家拿份礼物来给我。

与往常一样，我谢谢她的好意，同时，也委婉地拒绝了。小女孩闪动着大大的眼睛专注地看了我一会儿，然后转身抱着她的小狗离去。我没多想也不以为意，继续为其他村民的宠物打针。

两个小时之后，我们结束当天的工作开始整理工具准备回家，我才发现小女孩又回到现场，怯生生地站在角落等我，这次她的手上抱的不是刚打完疫苗的小狗，她非常小心地捧着一颗木瓜。看到她和手上的木瓜，我猜想她大概是在附近树林里摘的这颗木瓜，也可能是她妈妈要她顺路到市场买木瓜回家，刚好路过这里，所以绕过来看看我。

小女孩非常害羞地走到我面前，用双手把木瓜递给我，告诉我说这是要感谢我帮她的小狗打针的礼物。

我又一次拒绝，并且向她解释，希望她不要这么客气。可是小女孩非常坚持，一定要我收下木瓜，完全不理会我的说辞。我心想，反正工作已经结束，不如跟她一起回家，向她爸爸或妈妈说明协会的立

送我木瓜的小女孩

场，然后还给他们这颗木瓜。

于是我问小女孩，可不可以和她一起回家看看她家住哪里，小女孩点点头，于是两个女孩，一大一小外加一颗木瓜，开始一段我认为应该不会太远的旅程。

我认为应该不会太远的这段路程，后来走了整整一个小时，这时候我才了解，小女孩为了帮狗狗打疫苗还有送我木瓜，居然走了四个小时。

第一趟带小狗来打疫苗，然后回家拿木瓜，然后再带木瓜来谢谢我，现在则是带我一起回家。让我感动的还不止是这四小时的路程，来到小女孩的家里（一间简陋的木板屋），看到小女孩的家还有她妈妈，我才明白，原来这颗不起眼的木瓜是她家里有限的食物之中，最豪华最丰盛的食物，是他们最珍贵的资产。对她们来说，这颗木瓜的价值并不是我们所认为的两美元或其他，而是用以填饱肚子好好活下去的东西。

她们要把这颗木瓜送给我，我从来没有像这一

刻那样的感动，感觉自己如此备受尊重，我觉得这颗木瓜是我见过最值得骄傲的礼物。

对我而言，这颗木瓜的价值远远超过黄金或宝石。在这一刻我才真正了解，当义工这段日子，当地人真的给我好多，他们给我的远远超过他们所拥有的，而且出自最真实诚挚的心。

然后我才明白，我们一天到晚用尽心思，努力工作，追求那些高标准高品质的享受，其实还比不上这一颗平凡无奇的木瓜。拉风的跑车或是崭新亮丽最流行的衣服，都比不上这颗木瓜带给我的荣誉与骄傲。

我们太沉溺也太习惯于物质与感官的刺激，拼死追逐新商品、顶级服务、奢华享受。我们都忘记生活中最简单的食物所代表的非凡价值，反而把这样的观念视为陈腔滥调，不屑一顾，失去从简单生活中体会生命真谛的能力。

这个厄瓜多尔小女孩想通过一颗木瓜，表达她最真诚，最质朴无华的感谢，却为我上了人生中最

送木瓜的小女孩和妈妈，及她们简陋的木板屋

珍贵的一堂课，这堂课让我永远难忘，我希望能与周遭所有的朋友分享这一堂课，告诉大家事物的价值并不是来自事物本身值多少钱，而是来自你究竟愿意花多少心思，投注多少感情。

小女孩和她妈妈非常坚持要我收下木瓜作为礼物，于是我顺着她们的心意收下木瓜，向她们借了把刀，当场切开木瓜和她们一起享用。我们三个一起坐在木板屋的地上，手拿切开的木瓜，吃得满脸都是汤汁。我已经忘记吃木瓜的时候我们究竟聊些什么，我也不记得当时脑子里到底在想些什么，还有她们母女俩确实的长相。

但是我永远记得，当时她们所传授给我的宝贵经验，以及日后对我人生产生的影响。

所以，这样一颗木瓜到底值多少呢？我们又该如何为这颗珍贵的木瓜贴上标价呢？我想它的标价应该这样写吧！改变一生的体验 & 一位深受影响的快乐义工。

我们一天到晚用尽心思，努力工作，追求那些高标准高品质的享受，其实还比不上这一 颗平凡无奇的木瓜。

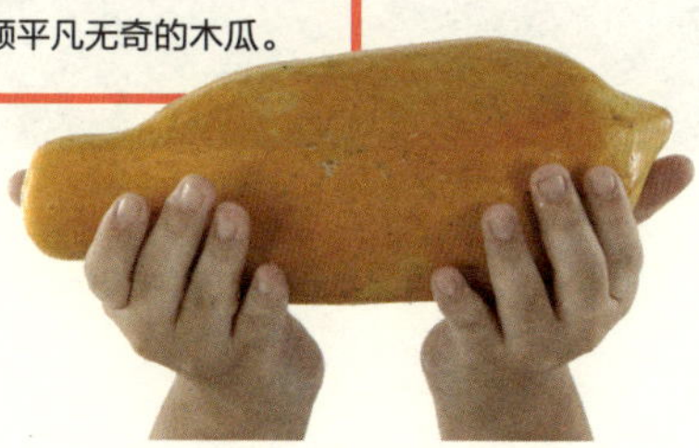

我的法国之恋

法国人的浪漫与巴黎铁塔一样举世闻名。试试读“巴黎”这两个字，用法文念 Paris，然后夸张一点轻轻地拖长尾音的 eeee，就可以感觉到自己浪漫到滴水。所以如果我说我曾经在法国与当地的男生谈恋爱，相信你应该不会太讶异。

如同所有浪漫故事的开场，当时我正和姐姐在南法度假，我们在尼斯美丽的海岸闲逛，当时我单身，穿着比基尼，一句法文也不会说。姐姐克里斯汀正在水土不服，不断跑厕所。我待在海滩玩小石头等她，看着她满脸虚弱地回来，在岸边休息。不久我就觉得有点无聊、有点孤单，我开始期待可以发生些什么好玩的事。

就在我看到他的那一刹那，或是他看到我的那一刹那，一切都改变了。在我们眼神交会的那一刻，他站起身，毫无畏惧地走向我，然后扑通一声直接坐在我的身边，他伸手直接从我用心堆了很久的石头堆里拿起一些石头。当时我的第一反应是，法国人真是没礼貌！

然后他对我开口，说了一大串悦耳动听的法文。原本充满防备的心顿时被他的声音融化，即使我完全听不懂他在说什么，甚至怀疑可能是正在诅咒我

我、安东尼的姐姐、法国男孩安东尼

或在骂我，但他的字字句句听起来就像诗歌一般，让我完完全全失去自我防卫的能力。你能想象吗?这时候我们只是相遇了三十秒!

接下来我们花了几个小时共处，欢乐的时光总是过得特别快，我完全把那病得像只搁浅的鲸鱼瘫在海滩上，不时得起身狂奔厕所的姐姐抛在脑后。我的心神完全被眼前这个男生占据。我们共度了一段美好的时光，他不断地用那动听的法文对我耳语，即使我完全不了解他到底在说什么，但是光是看他那宝石般湛蓝的眼睛，以及他的微笑，我已经感觉死而无憾。

我们在海滩上玩耍，一起收集石头，盖了一栋属于我们的房子。我不断引诱他跟我一起下海玩水，但是海浪比他的头还高，所以他不敢下水。当他站在岸上用孤独的眼神看着我，呼唤我回到他的身边，我当然无法抗拒。我想联合国应该订立一条世界公约：把一个可爱的法国男子留在海滩上痴痴地等你是违法的！而我当然是迫不及待从海里起身，回到他的身边。

就像所有的童话故事一样，终究会有说完的时候。当太阳渐渐西沉，空气转凉，我的蓝眼法国男子必须离开我了，因为这个时候差不多是他该上床睡觉的时间了，他什么也没留给我，只留下他的名字——安东尼……今年六岁。

是的，我爱上的是一个六岁的法国男孩，我很确定他对我怀抱着一样的情感。我那会说法文的姐姐后来翻译了一些他对我说的话，当他很绅士地为我盖一栋城堡的时候，他说要与我一起搬到里面住，里面已经有小石头排成的属于我们的家具，而我是他的王后，法国人的浪漫果然是基因问题，从小就存在血液之中。

你永远无法预测爱情什么时候会降临，尤其是旅行的时候。有时候你爱上的是当地的文化，有时候是一顿美味的佳肴，又有的时候可能是你骑在大象上感受到的一缕微风。对我而言，每一次我下飞机来到一块陌生的土地，我都会爱上属于这趟旅途的一些什么。在我那一次的法国行，我很幸运地爱上了这个最美好又活力充沛的六岁小男孩（他也刚好会说可爱而且童音的法文）。

有谁不喜欢恋爱的感觉呢？其实谈恋爱一点都不难，只要你愿意敞开心胸大胆尝试。有时候你要做的只是走出你的家门，睁开你的眼睛好好看看你所身处的世界；又或许你只需要一个拉肚子的姐姐。

罗马竞技姐妹花

罗马是一个古老而伟大的城市，圆形剧场以及竞技场遗迹随处可见。罗马也是著名的角斗士故乡，盛产神鬼战士。各地的竞技者经过长期的训练与淘汰之后，最后集中在这里，以竞赛的名义，相互格斗，或是与凶猛的野兽厮杀，以展现他们雄性的威力、结实的肌肉，以及熟练的技巧。

每年有成千上万的游客到罗马参观这些有千年历史的遗迹，站在竞技场中，想象过去曾经发生过的画面——在千万人的呐喊声中，斗士奋力厮杀，展现无比的勇气，争取最后站立的光荣（我说的这些是在他们被长矛、刀剑或者牛角搞得肚破肠流之前的画面）。

我和姐姐也来到罗马这个神鬼战士的生产地，为了入境随俗，我们也来了一场激烈的拼战，属于谢氏姐妹的神鬼竞技，只不过我们的格斗比较没那么血腥，也比较简单。用十美金租来的单车，花一整天的时间，在还车之前，看看我们可以跑多少个景点。

古代的战士可以用一天的时间征服罗马，我不知道几千年前的前辈是怎样办到的，但是在我们试过之后才知道，这根本是天方夜谭。我们租来的车是秀气的淑女车，因为生意很好，所以轮胎已经磨到只剩

下一层薄膜，车架也是摇摇欲坠，整体来说，它几乎快是一堆废铁，而不是一辆自行车。但我们还是很高兴地花了十美金租下来，因为骑车毕竟比走路快，而且便宜、有效率、环保，也很刺激。至于意大利的公共运输系统，你去试试就知道，记得先买保险，而且买高额一点。

纪念碑、雕像、古建筑、教堂，或者其他列名的观光景点，停车、跳下车、拍照、上车继续骑往下一处，每去过一个地方，我们就会在地图上把它圈起来。罗马几乎每一个地方每一样东西都有故事，都是值得造访的观光景点，所以点和点之间距离都很近。有一次我们实在找不到一个叫作 Rostra（演讲台）的东西，于是问了当地人，当地人指着我们的屁股说，你们正坐在 Rostra 上面。

当然路上免不了偶尔有点小状况，像是差点被公交车撞、被当地女人咒骂（原因我忘了），不过也会有惊喜。一直到现在，只要有人在我们面前提起罗马，我和克里斯汀就会流口水，脑海立刻浮现当初的画面。

意大利人很懂吃，更重要的是，他们更懂得如何让全世界的人吃得和他们一样好。意大利美食举世闻名，新鲜的食材、相对简单的烹调方式以及大分量，让人很难抗拒。不过，如果你没品尝过我跟克里斯汀在罗马吃到的意大利菜，你千万别跟我说你了解意大

利菜的美味。

第一个让我们垂涎三尺的经验是在罗马街头的某个角落，骑了一整天的单车，又累又脏又热又渴。像天使一般，有个西瓜小贩突然出现在路中央。一点都不夸张，他的餐车真的就在“路中央”，我们还得闪避来来往往的车流才能走到他的摊子前。西瓜不是意大利的特产，但是到现在我想到那片西瓜，还是会流口水。它呈现完美的冰凉状态，对热到快冒火的我们来说，那片西瓜就像来自上帝的礼物……不然你说说看，哪里能找到在路中央卖西瓜的小贩呢?

骑着单车绕来绕去四处奔波，按快门拍照留念，我们觉得有点嘴馋，于是第二个让人流口水的经验来了。当时刚好是吃完早餐等待午餐的时间，肚子不饿，只是想吃东西，于是我们随意选了一家餐厅，这家餐厅是我们在小巷子里透过石头缝看见的，而餐厅的巷子又比我所说的小巷子还要小，也没有路牌或名字，以至于后来我们想再去吃，却怎么都找不到。

属于我和克里斯汀 的罗马假期

走进餐厅，我们点了一些最基本的意大利菜，像是西红柿肉酱面（菜单上应该不是叫西红柿肉酱面，应该有更好听的名字，不过它就是西红柿肉酱面），就为了这盘面，我和克里斯汀不顾多年的姐妹情谊，抢着吃面和舔盘里的酱汁，差点打起来，因为真的是太好吃了。

我们的罗马之行最最最遗憾的就是没有多点一盘西红柿肉酱面，还有忘了要张名片，以至于把那家餐厅遗忘在石头缝之中。如果不是我姐姐也记得，也同样思念着那盘面，我真的会以为一切都只是一场梦，一场在我饿昏头的时候所做的梦。

有了冰凉的西瓜以及美味的肉酱面的加持，我们精神百倍，继续上路冲刺。然后我们遇到了一个选择题，有一个纪念碑，就在一座大公园的另一头，我们可以绕着公园骑，路比较好走，或者直接穿过公园，骑下阶梯，路……当然比较难走，但是比较近，也比较刺激。我们选择了后者，因为我们很懒惰而且也骑得有点累，所以想抄近路。不过坦白说，就算是精神奕奕，我们也会选择穿过公园，因为谢氏姐妹一向不喜欢跟别人一样，喜欢冒险喜欢来点刺激。

于是我们把十美金租来的自行车，当作价值数十万的登山越野车，骑下各式各样的阶梯。可怜的单车并没有撑过这座公园而寿终正寝，它爆胎了，面对这样的结果，我们倒是非常坦然，一点都不讶异。

过去的罗马以完善的城市规划以及严格的法律与规定出名，现在的罗马是以什么都可能而闻名全世界。爆胎之后，我们实在没有力气把自行车骑回租车店，然后好好解释为什么会爆胎（原因非常明显），所以我们把车锁在一根柱子上，打电话到店里，尽可能地说明单车的位置，然后打道回府。租车店的人也没多说什么，很爽快地说没关系，他们会解决的。

所以从这个故事中我们可以得到什么？没有！

没有什么真理或启示，我只希望如果你去罗马，发现那间石缝中世界第一美味的意大利餐厅，求求你拿张名片、照张照片、写下它的地址或是把厨师绑架，尽你最大的努力帮我找到它，因为这是罗马藏身最隐秘、最好吃的意大利面。是谢氏姐妹不惜任何代价，愿意去竞技场决斗，只为吃上一口的美味料理。

跳进夏威夷的瀑布里

到夏威夷度蜜月或是度假是每个人的梦想。很幸运的是，我在麻省理工学院的同学有很多是来自夏威夷，因为他们，所以我比别人更了解这个度假胜地的文化，同时也意味着如果我到夏威夷旅行时，有免费的地方可以住。

刚到夏威夷的时候，我和其他人一样走访了很多一般观光客会去的景点。例如参加当地的宴会（luau）、欣赏当地的舞蹈，品尝 kalua pig 鲜美的滋味，这种猪肉大餐是把肉埋在土里慢慢焖数小时，让猪肉入口即化。而我生平第二次冲浪就是在夏威夷的威基基海滩（海滩上有数万名即将晒黑或是晒到脱皮的游客），我也与大家一样买了好多好多的夏威夷豆（macadamia nuts），而以上这些行程大概只花了我一天的时间。

结束一般游客会走的行程之后，我准备尝试带点冒险成分的夏威夷之行，夏威夷是冒险家的天堂（影集 LOST 就是在这里拍的），只是你必须先搞清楚该从哪里开始，或许我应该说要先搞清楚从哪座桥开始跳起。

我所选择的桥就位于毛伊岛上（Maui），毛伊虽然是很热门的景点，但是比起夏威夷其他岛来，相对比较不那么热门。而我所说的桥则是座很典型，那

举世闻名的 Waikiki Beach

种位于热带度假岛屿的桥，面对陡峭的峭壁，桥下是清澈但不是很大的水潭，很多游客走到这里都会停下来拍照，然后探头往下看，嘴里不断惊呼“喔”或是“哇”！

一开始我跟其他游客没什么两样，拿出相机和点心拍照吃东西，然后我的朋友告诉我，有些胆子很大的人，会从桥上往下跳，他说我一定没这个胆子。嘿嘿！我正好缺个理由告诉自己应该试试看，试着从这个离下面大约六层楼，约六十英尺[#]高的桥上跳到下面的水潭。

于是我翻身坐到桥缘，双腿悬空准备往下跳，但是心里还真的有点发毛，打不定主意到底跳不跳。这时候远处传来一位女士惊恐的声音：“不要跳！千万别跳！有话好好讲！没什么事是解决不了的！”原来这位女士和家人刚好经过这里，看见我悬空坐在桥上以为我要自杀。（现在你应该知道这桥真的很高。）

我和我朋友告诉她和她先生不必担心，很多人尝试过跳下去而且都活下来，所以十分安全，真的不必担心。其实我想我是在试着说服她也同时说服我自己不要害怕。这时我的朋友犯了一个严重的错误，他告诉他们不要担心，同时还强调因为我是女生所以一定不敢跳。

我记得我好像回了一句话说：“是吗？”然后就纵身一跃，一路尖叫到落水为止。落水的冲力其实没有想象中大，反而是冰冷的潭水让我印象深刻，在

[#] 六十英尺，相当于 18.3 米。

身后的就是我即将跳下的桥

我还来不及查看有没有受伤之前，我已经先为自己的胆量（或愚蠢）感到骄傲。

我浮上水面狂叫，在我发出满足的呼喊声之后，桥上的那位先生看着我朋友悠悠地说："嗯……她跳了，我想你应该也会跳吧！"我朋友为了面子问题，只好硬着头皮翻过桥面，随着地心引力一路到潭里。

我们在水潭玩了一会儿才想到，我们该如何回到桥上呢？自由落体六十英尺，换句话说我们得爬六十英尺笔直的峭壁才能回到桥上，没有绳索也没有鞋子，我们要不就是徒手攀爬滑溜溜的岩壁，或者顺着溪流往下走，祈祷能找到路回去。

我们选择往下找路回去，比较安全，不过一会儿我们就发现，如果要往下走，那就得再跳一次，这

在夏威夷耍宝

次是七十英尺左右，而且必须快跑过瀑布往下跳。

最恐怖的是，瀑布底下到底是什么状况我们根本看不到，底下有可能是遍布石块，那我们就真的玩完了。除非底下也是水潭，水潭也够深，然后我们跳得够远足已越过瀑布，我们才有活下去的机会，可是我们甚至连底下到底有没有水都搞不清。

于是我们朝上面大声呼救，把公园警卫、联邦调查局、中情局、CNN、BBC、NPR……所有想到的可能帮我们摆脱困境的单位全都喊了一次，希望能有人听到，然后派直升机把我们这两个蠢蛋吊离这个地方。

瞎忙了一阵子之后，我们终于放弃直升机，决定孤注一掷赌一把。于是两个人猜拳决定谁先跳，看看谁最有可能成为这场蠢事的牺牲者，因为后跳的人

只要看看先跳的人的结局，大概也就知道该不该跟着跳了。

结果我就是那个得先跳的倒霉鬼，既然愿赌就得服输，况且这次的跳水蠢事还是我起的头，于是我只好硬着头皮。我一辈子从来没有这样紧张过，我真的很担心会一头摔死在下面。

我往后退几步然后再往前冲，鬼吼鬼叫地越过瀑布往下掉，这个时候就像电影中的桥段，往事在脑子里不停上演，不停地转动。我开始想象我下半辈子都坐在轮椅上的模样，或者我们其中一个人颈部以下完全瘫痪，甚至被埋在九尺下的黄土里。总之，在跳下去的短短几秒钟我真的是吓坏了。

显然我们都活了下来，不然你也看不到这篇文章，也不会认识我。也刚巧有个家伙就站在瀑布对面

我这辈子做的最刺激的事

拍照，顺便也把整个过程都拍了下来。

这大概是我做过最危险最疯狂的事情！我建议你们千万不要尝试，虽然看起来很好玩，我们也安然无恙。但是真的不必逞强把自己放在一个你完全无法掌控的高风险之中，就同人生有时候会面临的事情一样，冒险并不一定聪明。我们真的很幸运，可以毫发无伤地离开，又刚好有人拍下照片作纪念。可是事后想想，这些都不值得我们用生命去交换。

我从这一次的经验中学习到，想要享受旅行中的冒险乐趣之前，千万要记住冒险需要智慧，不是光靠胆量就可以，除非是你决定这辈子最后一次享受刺激体会快感，否则留给自己多一点机会，这世界还有很多东西值得尝试。这次愚蠢的跳桥之旅，后来最糟的部分是爸爸妈妈事后的叨念，以及当初跳下时难听的喊叫声。

Part 02 /

未走之路

OFF THE BEATEN PATH

我的小丑生涯
一不小心就到了巴拉圭
旅行生存指南
巴西的圣诞礼物
一根胡萝卜就能改变世界
印度火车哪去了？
印度式求婚词
未走之路
很痛的一堂课
我将保佑你
静坐好过什么都不做
这份工作是……陪小孩玩
沙漠之尿

我的小丑生涯

很多人看了《疯台湾》之后，都觉得我像是马戏团的小丑，专门搞笑又艺高人胆大。其实我在六个月大时就开始了半职业的马戏团生涯，我会单手抓住婴儿床的栏杆，在没有安全网保护的情况下从这一头晃到另外一头（这是我妈妈告诉我的）。随着年龄的增长，我也不断训练自己，增进技艺，训练范围扩及到马戏团所有的表演项目。

例如当个驯兽师驯服家里的狗狗可卡夫，把它当狮子骑（其实它比较像只大号老鼠）；把脚放到头顶上表演软骨功（ 99% 的几率我应该只是想尝尝脚指头的滋味）；找一些易碎品顶在头上（这点我必须赞美我父母，在大声喊叫制止我，以及让我因为喊叫转移注意力而把东西砸在头上这两者之间，他们总是可以找到平衡点，让我安然无事）；至于最震撼人心也是我最喜欢的项目，应该是“宇宙超级无敌铁胃功”，

看到什么吃什么，泥巴、袜子、狗饲料、虫、蟑螂等等。这也奠定我日后在《疯台湾》中吃蜘蛛、蚂蚁、毛鸡蛋以及石头的功力。

两岁的时候，我的半职业马戏团生涯达到顶峰，个人演出往往让负责盯着我的大人神经紧绷、紧张兮兮，那时候我才明白，原来这样激情的演出，可以掳获观众的注意。

小时候单纯的幻想，在我搬来阿根廷之后，居然成真，我加入了马戏团，真正的马戏团。

我在麻省理工学院读三年级时，决定出国念书，拿西班牙语言学位。我想我当时应该是厌倦麻省理工学院的那些人，那群世界顶尖的科学家和工程师。麻省理工以理工学科闻名全球，所以当我说要到布宜诺斯艾利斯学西班牙文的时候，大部分的人都认为我在开玩笑。

于是我来到阿根廷这个美丽的国家，这里有迷人的景致，性感的口音，还有俗称“南美洲牛仔”的高卓人。这里是离美国最远的南美洲国家，充满异国情调。除此之外，麦当娜不断地唱着“阿根廷别为我哭泣”，我想多少也发挥了一点作用。

布宜诺斯艾利斯号称“南美洲的巴黎”，在这里读书真是种享受，我非常满意当初的决定，觉得这里恬适的生活将是我未来最棒的回忆。这样的想法维持到有一天我在校园里发现一张海报，海报上写着：

CIRCO BUSCANDO

ESTUDIANTES. NO

Experiencia necesaria

（马戏团招生，无经验可）

孩提时辛苦自我训练的记忆霎时间涌上心头，我就知道我命中注定要加入马戏团，于是我毫不犹豫地跑去报名。

六个月后，我即将从马戏团学校毕业，毕业前有个考试，我和我的搭档必须表演一段自己编排的杂

耍，我们每天都在马戏团里辛苦练习。有一天，天气非常好，我们决定离开马戏团，到附近的公园练习。演出的戏码是跟着 007 电影配乐的节奏，搭档把我抛高然后接住、抱着我荡过来荡过去，同时我要抛接三四个保龄球瓶。我们非常专注地练习，练习到浑然忘我。最后一个动作结束，四周突然传来热烈的掌声。我们不算熟练的表演，居然吸引一群人围观，而且他们真的以为我们是街头艺人，还大方地丢钱。真是让人感动，也出乎意料。我自小的梦想，多年来的自我培训，居然在阿根廷得到回报，而且是用阿根廷比索回报的。

半吊子的演出却博得路人的热情反应让我灵机一动，看来大家都喜欢在街头看表演，既然如此，何不在街上拉小提琴，反正我本来就要练习小提琴，在寄宿家庭，怕吵到他们还不敢放大音量，那何不到街上练习，两全其美。

于是我有空的时候，就会到车站出口，打开琴盒让人丢钱，然后练我的琴，有人丢钱最好，没人给钱也没关系。一毛钱、五毛钱、一块钱，以每三分钟二十到三十人经过的速度，每十个人有一个人给钱的几率，一小时我可以赚六十比索（当时汇率约相当于六十美金）。2000年在阿根廷，六比索就已经很好用，一小时赚六十比索，真的很好赚。

我当街头艺人当了好一阵子，每当我有时间、想练琴，或是想赚钱的时候，就会去车站出口拉琴。街头表演真的很好玩，有些人还会在钞票上写电话号码或递名片，想要找我约会。我还做了小小的实验，看看哪种状况能赚到最多的钱。

A：单纯演奏小提琴加上打开的琴盒收钱

B：贴海报告诉路人我是学生需要学费

C: 背包加上打开的琴盒，贴海报告诉路人我正在旅行，急需旅费

D：穿着礼服演奏小提琴但不摆任何东西

E：演奏小提琴不摆任何东西，表明我就爱表现

实验结果很有趣，学生急需赚学费赚的钱最少（选项B），穿着礼服演奏但是不摆任何东西赚的最多（选项D），我猜想应该是这种状况留给人们更多的想象空间，可以自己编个最能感动自己的故事，所以最愿意给钱。

车站出口人来人往，如我所说，常会遇到奇怪的人。有一天，有个家伙就站在我面前专心地听我演奏，他听了很久，没有说任何话，没有任何反应，也没有给钱，只是很专注地聆听。一般来说，大部分的

人都只会停下来一会儿，然后给钱或不给钱，就赶紧去搭车。

这位先生却停下来听我演奏，期间至少错过三班车，然后什么也没说就是盯着我看。终于我忍不住，停止演奏，礼貌地问他，有什么事我可以帮上忙的吗？

他递给我一张名片，然后开口说："我一直在看你演奏小提琴（当然！我眼睛又没瞎），在这有点臭的车站出入口（客气了！其实是很臭），我在想，你有没有兴趣加入我的交响乐团呢？”我低头仔细看名片，上头写着 Juan Carlos Morelli，阿根廷国家交响乐团。接下来这一段对话是一字未减的现场重现。

JCM 先生说：你要加入我的乐团吗？

我说（看完名片后抬头）：你是开玩笑的吧！

JCM 先生又说：我很认真。

我说：喔！好啊！

然后呢?

一个星期前我还在地下的车站出口演奏，一个星期后，我站在世界知名的演奏厅 Teatro Col ó nep，跟着阿根廷国家交响乐团一起彩排，身份是有薪水的音乐家。

就这样，靠着拉小提琴，我赚够了旅费，让我可以悠哉地在南美洲旅行，去秘鲁的马丘比丘山区看印加遗迹、到安第斯山健行、去乌拉圭度周末、到巴西当背包客玩一整个月。人生真的很奇妙，如果不是看到了马戏团的招生海报，又如果我没有勇气去报名，那么这一切好玩的事情都不会发生。

阿根廷的马戏团经验让我了解到，无论身在何地，我们都应该随时敞开心扉睁大双眼，迎接每一次的冒险与挑战。生命有太多的转折点，每当我们转个角落，就会发现不一样的风景看到不一样的事物，同时也给我们更多的选择。

我们永远都无法预期转身之后会发生什么事，但是我知道，如果没办法放大胆子去冒险，去尝试我

们所不熟悉或是没信心做到的事情，那么生活将一成不变，而且枯燥乏味。谁知道呢？或许你生命中的招生海报、马戏团、公园、公交站、交响乐团就在离你不远的地方等着你呢！

Man cannot discover new oceans unless he has the courage to lose sight of the shore.

——Andre Gide

人只有鼓起勇气告别海岸才能看到新的大洋。

——安德烈·纪德

A ship is safe in harbor ,but that's not what ships are for.

——William Shedd

船在港内是安全，但这不是造船的目的。

——威廉·谢德

一不小心就到了巴拉圭

我在阿根廷当交换生学西班牙文的时候，麻省理工学院的室友兼超级麻吉[#] 妮娜来布宜诺斯艾利斯找我。趁着学校放假，我们决定搭公共汽车穿越北方到巴西。巴西在与阿根廷的边界这一带有举世闻名的伊瓜苏瀑布，巴西人疯足球，所以也可以跟当地人踢两脚，火辣的比基尼女郎（你得要有很大的勇气和很好的身材才敢买巴西的比基尼来穿），可以学巴西武术 capoeira、跳桑巴舞、喝巴西最流行的调酒 cairirinha，还有吃巴西的烧烤（妮娜吃素，所以我必须负责帮她解决肉食部分，关于这件事我完全没有怨言，乐意得很）。

从阿根廷到巴西的旅程基本上还蛮愉快的，虽然路途遥远，必须先离开首都布宜诺斯艾利斯，然后穿过恩特雷里奥斯、科达特斯、米西澳内斯等各省份，大约 8 到 10 个小时车程，但是一路上我和

[#] 麻吉，源于英文单词“match”，意思是要好、默契、合适。
——编者注

伊瓜苏瀑布

妮娜都在聊天，所以感觉时间过得很快，没多久就抵达了目的地。

伊瓜苏瀑布确实让人很震撼，它比尼亚加拉瀑布还要高，宽度则是其 4 倍，有超过 275 条的大小瀑布群，每秒流量 45 万立方英尺，或许就是因为这样大的流量，让水柱从头到尾都没有间断，创造出令人惊叹的奇景。我个人对瀑布一点都不陌生，譬如我奋力一跳的夏威夷 70 英尺高的瀑布（真是终身难忘的体验）。

对于伊瓜苏瀑布，我从没料想到是这样的壮观，高耸陡峭的岩壁，完全未经人为开发与破坏的原始环境，充满野性让人赞叹。在这里不管你怎么拍都很漂亮，闭着眼睛按快门都觉得自己很厉害。最绝的是，每张照片都能拍到彩虹，我觉得伊瓜苏应该改个名字叫“千虹瀑布”，比较实至名归。

以攻击和恐吓游客出名的巨嘴鸟

我和妮娜

看着瀑布，我幻想自己穿越彩虹，穿越瀑布，走进另外一个世界，然后发现一大罐的金子。在这神奇的瀑布世界里，野生的巨嘴鸟绕着我飞舞……伊瓜苏的巨嘴鸟很幸福，可以自由自在地飞翔，可是很奇怪，看到巨嘴鸟，我就会联想到巨嘴鸟山姆（美国知名的谷片），还有关在动物园里悲伤的家伙。可是你千万不要被这些假象欺骗，野生的巨嘴鸟非常凶猛，具有攻击性，听名字就知道它的嘴小不到哪去，啄起人来肯定很痛。伊瓜苏的巨嘴鸟，可是以攻击与恐吓游客出名的呢。

除了巨嘴鸟还有长相非常可爱的长鼻浣熊，看起来非常逗趣，惹人疼爱，很想抱起来好好呵护。错了！长鼻浣熊是标准的披着羊皮的狼，它们会想尽办法用力拉扯，手脚并用地刮裂你心爱的包包，很可恶！让人气得牙痒痒。我和妮娜对长鼻浣熊的防范与恐惧，比对小偷还要严重。

妮娜与看似可爱其实可恶的长鼻浣熊

看完瀑布之后，我们决定去附近的城市走走，看看除了烧烤、瀑布、欺人太甚的野生动物之外，巴西还有什么好玩的。就在我们东张西望找出路的时候，突然注意到有座桥，桥上人潮汹涌熙来攘往，每个人手上大包小包，提着各式各样的东西，有米、玩具、尿布、床垫、内衣、香蕉……琳琅满目应有尽有，只差家具就刚好是一个家。Hoho……等一下，有个男的扛了一组沙发正要过桥呢。

我们实在很好奇他们到底要去哪里，于是就跟着人群走，一路上还暗自比较每个人所带的东西，到底谁带的东西比较奇特比较有创意。他们真是厉害，我和妮娜只带了相机和女孩的随身用品就觉得包包太大很累赘，他们居然可以带这么多东西。

跟着汹涌的人潮，走得满头大汗，不知不觉我们过了桥，走到另一端，抬头一看才知道情况不妙，因为桥头上端端正正地摆着几个大字：

Bienvenidos
Bem-Vindos
Welcome
al
Paraguay
CENTRO
DE IMPORTADORES
Y COMERCIANTES
DEL ALTO PARANA
INFORMES Y SUJERENCIAS A

我和妮娜在瀑布前

Bienvenidos al Paraguay!

欢迎莅临巴拉圭！

我和妮娜都傻眼了，互看对方，难以置信，心里都在问同一个问题："哎呀！我们是不是没带护照没有签证跑到另一个国家来啦！"

事实真相是——没错！我们的确是没带护照没有签证，就离开巴西走进巴拉圭！真是惨烈！

好吧！虽然有点莫名其妙，怎么没经过海关，也没看到边防的官员，就过了边界跑来巴拉圭？从巴西糊里糊涂来巴拉圭，不但国家不一样，连语言都从葡萄牙语变成西班牙语。但是既然都来了，不如放松心情，好好玩一玩，找点东西吃找些事情做。

四处走走逛逛之后，我们决定回旅馆休息了，回巴西的旅馆，放着我们护照和行李的旅馆。回巴西还是得经过一座桥，不一样的一座桥，就在过桥的时候，人群中突然一阵骚动，有人互相推挤，也有人窃窃私语，空气中弥漫着诡异的气氛，然后我看到有人在靠近边界的时候跳过围墙，隔开巴西和

巴拉圭的围墙，简单说就是偷渡。

这时候我们才知道，巴拉圭的出入境管制非常松散，巴西就不一样，比巴拉圭严格很多，为什么我们知道巴西比较严格呢？因为就在进入巴西的边界上，桥的另一头，属于巴西的那一头，防守边界的士兵面无表情，手里端着上膛的机枪，冷酷地看着每一个要进入巴西的人。而我们即将要没有护照没有签证地走进巴西。

所谓诚实是最好的选择，我们硬着头皮，向海关人员解释我们是如何不小心，十分意外地走过桥离开巴西到巴拉圭的，眼睛还不时偷瞄身边手持机枪的冷酷士兵，然后发觉他们似乎在努力控制自己不要笑出声来，以维持铁汉的形象。从他们的表情中我可以想象，关于两个愚蠢的美国女孩不小心越过边境的事迹，将传遍整个边界。庆幸的是，经过官员义正词严铁面无私的诘问之后，他们放我们回巴西，让我们回到旅馆。

巴拉圭的乌龙事件让我强烈建议你，如果你发现自己正在边界附近汗流浃背地跟着人群走，那你最好先确定自己有没有带护照，否则千万要抗拒人类盲从的本性，不要一路跟到底。如果你坚持要当跟屁虫，那最好祈祷遇到的官员跟我碰见的一样，愿意相信你所做的蠢事。不过换个角度想，类似这样奇特的遭遇，不就是旅行最迷人的地方吗？

旅行生存指南

想知道各种出国相关的旅游资讯，只要上网搜索几乎都找得到。不管是关于哪个国家，或是可能遇到什么状况，只要你想到的，甚至想不到的，网上都有。比如有效打包行李的方法、防晒美丽秘诀、如何在旅途中邂逅未来的另一半、如何避免连医生都搞不清楚的疾病、远离危险的一百种方法、身陷流沙时要如何自我脱困、水蛭黏住鼻孔该怎么办、如何从失控的马车上安全跳下来……等等，诸如此类，有用没用或是根本用不到的旅行资讯，网上真的都有。

通常在出发旅行之前，我都会做些功课。例如上网找资料，买本旅游指南，问问去过的朋友让他们给些建议。最重要的是，我会先安排好行程，尽可能做好准备，想好要做哪些事、看哪些东西，甚至连旅途中可能需要的卫生纸、应该拍哪些照片等等之类的小事都先想好。

但是人算不如天算，夜路走多了免不了碰到鬼。一次巴西里约热内卢的旅程后，我多希望有人能在出发前透露一点口风、给我一些建议，或者可以给个网址我自己去查，让我知道如果陷入突发性的、拥挤的、有生命危险的暴动人群中究竟该如何自保，才能留下一条小命。

事情是这样的……我和我遍布世界各地的朋友约好在里约热内卢一起过新年，一起度过 2000 年的最后一天，迎接全新的 2001 年。里约的科帕卡巴纳海滩上举办的派对，是世界上最棒的派对之一，我们打算一起加入狂欢的行列，体会一下什么是世界上最棒的派对。派对之前，因为闲着没事做，我们就在市区到处晃，吃吃喝喝逛逛海滩，这时候和我们住在同一间青年旅馆的另一群朋友说，如果我们有兴趣的话，他们可以拿到足球冠军赛的门票。

如果你不太了解巴西，那我告诉你，没有任何事情会比足球更让巴西人疯狂。足球是他们的国家运动，是他们的民族骄傲，足球跟国家一样重要。许多伟大的足球运动员都出自巴西，像罗纳尔多、小罗纳尔多、卡卡等等。巴西的足球队赢得世界杯的次数比任何国家都多。在巴西，无论是哪个角落，街上也好，海滩也好，一场场小型足球赛随处可见。他们甚至会用椰子当球，地上插木棍当球门，举办最困难的足球比赛。同一个时间同一个城市，可以有上千场足球比赛同时进行，难怪有人称巴西是足球王国。

可想而知，他们的冠军赛会有多么刺激，球迷会有多疯狂，巴西足球迷用“狂热”这个词来形容冠军赛算是含蓄的，“抓狂”可能还比较贴近现实。所以！白痴才会错过享受这种刺激的经验，于是我们毫不犹豫地点头答应，给钱登记拿票，准备去看一场一生难得一次的巴西足球冠军赛。当时我确实想过这样轻易就拿到冠军赛的门票，而且还那么便宜，会不会有问题？可是这样的念头一闪就过，没有认真想太多，因为我非常兴奋，我就要参与这场巴西的国家大事了。

当天到了足球场，果然是人山人海人声鼎沸，看台上满满都是人，每个人的情绪都非常高昂，非常兴奋与激动，都在期待一场好球赛。因为我们买的是“站票”，所以只好拼命地在非常非常拥挤的看台上钻，试图挤出一点空间，一般只够一个人看球的空间，这时候得塞进四到五个人。我感觉自己像是罐头里的沙丁鱼，不过是一只开心、兴奋的沙丁鱼。

比赛开始，观众欢呼喝彩、咒骂叫嚣，各种加油呐喊、喔的啊的，尖叫声四起。我跟着大吼大叫，也搞不清楚自己究竟在喊什么，还有脚指头不时被旁边的人踩到的同时，实在很难不叫个几声。突然间，叫声开始变得有点不一样。听起来像是被吓到、

LANCE!
LANCE! não circulará amanhã. Voltará às bancas na terça-feira
ESPÉCIAL
Tudo sobre a tragédia de São Januário em 20 páginas
o diário dos esportes
http://www.lancenet.com.br LANCENET
É O FIM!
Final da Copa JH termina em tragédia, aos 23 minutos do primeiro tempo. Queda de alambrado deixa 159 feridos e governador ordena suspensão do jogo. Jogadores do Vasco comemoram o

足球场意外隔天的报纸，圈起来的人是我

LANCE! OPINA
Obsessão cega
L!

极度惊骇的情况下发出的尖叫声。恐怖的是，尖叫声是从我口中发出来的！

直到今天，我还是不明白究竟发生了什么事，是有人打架闹事，还是有人突然滑倒，或是偶发的推挤事件……无论如何，事情是发生在看台的上方，然后上方的观众开始往下一排压，下一排又倒向更下排的观众……一排接着一排像倒骨牌一样，迅速地往下蔓延，偏偏大家又全部都挤在一块小小的区域，哪里也去不了，谁也逃不掉。

于是我们全都往下倒，脸朝下，倒向下面的人。一开始，我只有腿被压住。生物试图生存的本能让我开始用力蹬脚，拼命想要站起来，然后我往下看，发现自己正因此把其他人往下推，推到更底下，就为了让我的脚能着地。我清楚记得那一幕，我全身都在战栗发抖，全身都在冒冷汗。

我费尽全身力气好不容易才站起来，但是站起来没多久，马上又被第二波的推挤推倒，这一次我的身体倒在一个人的身上，紧紧贴住他的身体，我的脸则是狠狠地摔落在另一个人的屁股上，当时我根本不介意到底摔在哪里，因为我已经快不能呼吸，我很害怕，人生第一次，我以为我快要死了。

接下来发生什么事情我记不太清楚，因为当时我已经因为缺氧而意识模糊，只隐约记得有个人像抓洋娃娃般把我抱到足球场里，放在草地上。我大概是说了声“obrigada（谢谢）”。我慢慢试着恢复正常呼吸，但双脚完全没办法移动。

那天的悲剧造成三个人死亡，上百人受伤。我觉得自己很幸运，感谢上天保佑，让我福大命大，没有变成那第四个人。事后想想，事件发生之前其实已经有些征兆，我们都应该注意而没注意……例如人潮太过汹涌、逐渐升高的喧叫声、事发前的推挤……这些现象都在警告我们意外就要发生。但是话又说回来，别说我们不能注意到这些征兆，就算注意到又能怎样，事后诸葛谁都会，意外之所以是意外就是谁都料想不到。

那一次的事件后，我得到宝贵的经验，也是非常惊悚可怕的经验，我很有可能当场就受重伤，甚至死在看台上，永远留在巴西里约热内卢，幸好我安全地活了下来，走着出去，离开球场。更重要的是，我并没有让那场意外毁掉我接下来的旅程。

如果把生命比喻成一场旅行，那么我们必须学习如何处理与面对旅程中所遇到的问题与危机。

虽然我们没办法随时备战，24 小时做好准备，准备迎接未知的危险，因为我们无法预测未来。不过我认为，只要你有能力从一个很糟糕或者可怕的经历中爬起来，拍拍灰尘，然后告诉自己一切都还好，那么原本应该很糟糕很可怕的经验也许也没那么不好。在我心中，没什么真正叫“糟糕”的经验。就算是那一场生死攸关的巴西足球场事件，也是到目前为止我经历过印象最深刻的事件，我一样能从中学习。

巴西的圣诞礼物

这是我第一次没有和家人一起过圣诞节，也是我第一次在南半球过圣诞节。换句话说，这也是我第一个热烘烘的圣诞节（南北半球季节相反，十二月的美国正是寒冷的冬季，巴西则是比基尼的季节），无法与亲爱的家人与好朋友一起共度圣诞节让我有些难过，但是可以在世界的另一端过一个完全不同以往的圣诞节却让我感到兴奋。

对我来说，巴西的圣诞节非常特别也非常有趣，圣诞老公公戴着厚重的冬日雪帽、脸上黏着一层又一层绵密的胡子，身上却穿着一件红色短袖 T 恤。（至少这证明了圣诞节属于北半球的发明，否则我们应该会习惯看到圣诞老公公穿着比基尼而不是冬天的棉衣。真可惜圣诞节不是从南半球开始流行出去的。）

巴西的圣诞节就连圣诞音乐都是节奏强烈的桑巴舞曲。圣诞老公公身边的精灵助理清一色都换成美女，随着音乐使劲摇摆她们的丰乳翘臀，圣诞老婆婆应该非常不爽非常吃醋，巴西的圣诞老公公也可能因为性感的助理而无法专心工作，永远无法把礼物送到小朋友的袜子里。

在我的心目中，圣诞节一直是个温馨而且充满欢乐的节日，我也习惯美国传统的庆祝方式，上教堂唱圣诗，家家户户挂上一闪一闪的圣诞彩虹灯。但是经历过巴西的圣诞节洗礼之后，我突然觉得教堂里的唱诗以及家里所挂的灯泡非常无聊沉闷，相较之下，美国的圣诞节不像是在庆祝节日反而像葬礼。在巴西，圣诞节期间到处色彩缤纷，巴西人几乎把所有的颜色都用上，红橙黄绿青蓝紫到处装饰，感觉整个国家就像在彩虹里头。空气中则弥漫着食物的香气，如果你意志力不够坚强，口水可能就会不自觉地从嘴角滴落。

在那样欢乐的气氛下，我很快就将家乡的亲朋好友叔叔公公婆婆和阿姨们给忘记了，他们可能正聚在一起，卖力地唱着温馨的福音歌曲，身上包裹大衣头戴毛帽以免着凉。我则是混在巴西的美女阵中，随着音乐扭动身体，被那些衣衫不整的圣诞老公公亲来亲去。更让人惊喜的是，我的第一个异国圣诞节，我即将获得一份从来也不敢奢望的圣诞礼物。

当时我已经独自一人在巴西境内的尼克克拉、累西腓、奥林达旅行了好几个星期，正缓缓朝我朋友珍妮弗和她家人度假的地方（一座靠近巴伊亚州萨尔的小岛 ）移动，小岛的名字叫 Morro de Sai Pailo，我们约好了要在岛上欢度整整五天的圣诞假期。

我先坐小巴来到港口，准备转搭小船去岛上。因为我一路上乘坐的都是公共交通，大部分都是当地人乘坐，很少有观光客或是像我一样来找朋友的外地人，我只在巴士上碰到几个欧洲人和日本游客，他们似乎都很清楚自己要去哪里还有该怎么去。下了巴士，我试着用破烂的葡萄牙文询问当地人如何到港口搭船，就在我努力破解葡萄牙文密码，思索他们告诉我的路是怎么走的时候，我突然发现大家都离开了。

这时候我开始紧张，害怕自己走错方向。几个转弯几段路之后，我终于来到小港口，搭上小船，船上坐着一个也是来自同一辆巴士的外国人，我终于放下心中的大石头，因为这个老外证明我没有走错方向，我对这个看起来像欧洲人的老外点头微笑，最后一批货物运上船，船长带着一个小男孩跳上船后，我们启程航向小岛。

基于巴西人好奇且热情的天性，巴西小男孩立刻开始用葡萄牙文以及很简单的英文和我们聊天，一开始我只是对他微笑与点头，直到他看着这个外国人与我并脱口问："你们是男女朋友吗？"我不由得笑了，转头对旁边的外国人说："你好！我叫Janet（珍妮特）。"感谢这个可爱、好奇又直率的巴西小男孩，我认识了从法国来的伊曼纽尔。

伊曼纽尔以前就去过Morro de Sai Pailo，他已经约好了朋友，他朋友的家离珍妮弗所住的旅馆不远。这个岛有三个主要海滩，珍妮弗住在第一个海滩附近一座比较大的旅馆，但是我并没有预订房间，因为我在巴西一路走来都是用背包客的方式，不会预订任何旅馆，结果这样的方式反而替我所谓最好的圣诞礼物埋下伏笔。

船程大约一个小时，一路上我跟伊曼纽尔闲聊，并且被巴西小男孩不时突如其来的问题打断，比如我们从哪里来、我们在得克萨斯州有没有吃黑豆、圣诞老公公到底长什么样子、我最喜欢的足球明星是谁、我们什么时候结婚等等。

一路上东聊西扯，时间很快就过去了，当我们到达小岛，我有点舍不得和我的新朋友们道别，不过我们还是互道再见，各自踏上各自的旅程：小男孩去帮他的父亲工作、伊曼纽尔前往他朋友家，而我将与珍妮弗在她住的旅馆碰面，沿路我不断祈祷，希望那里还有空房间给我。

这真是一座美丽的小岛，这里禁止车辆驶入，所以完全没有废气污染，也没有任何引擎的噪音（唯一的噪音应该是水牛放屁的声音），这里可以说是一个天堂，光是从港口走到饭店，我已经是满脸笑容、心情愉快、边走还边哼起圣诞歌曲。到了饭店我看见珍妮弗，就给了她一个大大的拥抱，然后她立刻告诉我饭店已经没有空房，我没有地方可以住，这下惨了！

由于是圣诞假期，每一家位于第一个海滩的旅馆都已经爆满，很多订房客人都被排到候补去了，我想现场订到房间的概率几乎是零，唯一的选择是走到第二个海滩试试。去了第二个海滩，结果一样没有房间，我开始有点紧张。

来到第三个海滩，我到处询问，终于有人告诉我前面还有两家小旅馆可以试试，这是我最后的机

伊曼纽尔、迪迪和路人甲

会。当我走到那里，眼前果真出现两个选项——左手边是一家可爱的黄色小旅馆，右手边是一家小木屋旅馆。我的直觉带领我走进黄色小旅馆，旅馆的老板娘迪迪，她很热心也很亲切，感觉就像我妈一样，她开心地告诉我还有一间空房，我毫不犹豫地马上订了下来。

迪迪带我上楼去我的房间，我只跟着她走几步就爱上了这个地方。迪迪的旅馆不但舒服、安静、装潢雅致，房间外的门廊处还吊着几张吊床，相当有度假休闲的味道，其中一张吊床就在我房间的门口，上头正躺着一个家伙，舒服地读着他的书。我开始暗自盘算如何把他赶下这张床，换我自己舒服地躺在上头，这可是在我的领土里头呢。就在我心

黄色小旅馆

中盘算招数的时候，迪迪突然用她高亢热情的葡萄牙人特有音调对着占据吊床的“敌人”说了一些话，然后他转过身，我吓了一跳，原来是和我一起搭船的那个欧洲老外伊曼纽尔！我们都为再次的巧遇而一脸惊讶，我还来不及回过神向他点头微笑，迪迪已经忙着告诉我浴室在哪里、衣服该放哪里等等，充分展现她专业的素养。

我大概花了三十秒的时间丢下背包，同时以最快速度换上我的比基尼并且围上纱笼，马上冲向海滩，我迫不及待地想好好探索这个小岛，并且在想如果伊曼纽尔在我回来时还敢大咧咧躺在那张吊床上的话，我该如何有礼貌地、合情合理地把他踢下吊床。我万万没想到等我回到旅馆，考虑周到的迪迪已经为我在走廊上准备好了另一张吊床。

接下来的几天，我每天走一大段路到第一海滩与珍妮弗以及她的家人碰面，一起爬山、爬树、跳到海里玩水、潜水、享用当地食物。晚上则回到我的小旅馆找伊曼纽尔一起跟迪迪聊天，或者趁他不在的时候占领他的吊床，悠闲地看我的书。

后来我干脆把我的吊床搬到他隔壁（我怀疑他暗中把隔壁的房客赶跑了好空出旁边的位置给我），跟他聊天。从一开始短短的几分钟，到后来的彻夜长谈，完全忽略掉了时间，完全不感到疲倦或厌烦。

然后，圣诞节终于到了，我邀请伊曼纽尔与迪迪，以及其他的房客一起前往珍妮弗的旅馆用餐，当天晚上有个特别的圣诞派对，聚会非常简单却也非常有当地特色，包括岛上自产的新鲜水果、刚从海里捞上来的海鲜以及当地特产薄荷调酒。

那天过得很快乐，虽然很多细节我都不太记得，因为在那天之前我根本没喝过巴西的 caipirinha 这种薄荷调酒，不知道尝起来是什么滋味，也不知道里面究竟加了多少酒，含有多少酒精。事后我终于了解，原来巴西人对于酒这件事是非常大方而且豪爽的！

我隐约记得我被驾着走回第三海滩的小旅馆，打赤脚踩过铺在沙滩上的木板，差一点绊到自己的脚跌个狗吃屎，而且我还咯咯地笑，好像吸了一桶笑气，完全停不下来。回到旅馆，我根本走不回自己的房间，干脆直接倒在旅馆外头的吊床上昏睡，而伊曼纽尔就陪伴在我旁边。

当我酒意慢慢消退，我停止傻笑，开始跟伊曼纽尔说话，我们说了好久好久的话，直到天快亮之前，突然听到一声像是什么东西裂掉脆脆的声音，照理说遇到这种情况我们都应该觉得毛毛的，毕竟这是一个与世隔绝的小岛，又是深夜，我们又身在丛林之中，但是不知道为什么我们都觉得有点儿好玩，于是跳下吊床，决定一探究竟，结果发现一匹像马（也许是驴或者骡）的动物在那里吃香蕉树的叶子，我想它正享受着它的圣诞节大餐。

我跟伊曼纽尔开始疯狂地大笑，尤其是当香蕉树的主人从屋里冲出来，看到他可怜的香蕉树已经被吃掉了一大半，气得又叫又跳，我跟伊曼纽尔躲回楼上偷看，回到自己的吊床上笑得像小孩子一样。这真的是一个很特别的圣诞节。

虽然在这个岛上只待了五天，但是我却彻底忘掉了家人，而且很想取消接下来的行程继续留在岛上。迪迪和伊曼纽尔送我到港口，我记得我给了伊曼纽尔一个大大的拥抱道别，我们交换了E-mail，约好要保持联络。不过你也知道，这种事到最后总是不了了之，通常旅行中遇到的友情会随着旅程结束而告终，我们在分开前甚至没有一起拍张照片当纪念。

这是我第一个独自度过的圣诞节，虽然没有家人朋友的陪伴，但是我并不孤独，我有珍妮弗陪我一起在沙滩闲晃，我也有迪迪以及伊曼纽尔在那个

小旅馆、那一条小走廊像家人般地陪伴我，这是我生命中最美好的一个圣诞节之一，而且还收到一份最棒的圣诞礼物。是什么样的礼物呢？那又是另一个故事了，下次我再告诉你。

当地村民

我就要从麻省理工学院毕业，踏进大家所说的“真正的世界”，我将进入医学院读四年，然后毕业当医生。我的同学大部分都是在开学之前先在学校附近找好房子住下来，先适应环境，同时等候学校开学。我心想，四年的医学院生活，我就要被绑得死死的，如果连现在唯一的空档都要住到学校附近，那真的是很无趣。于是，一方面是为了确定我已经准备好面对新的人生，一方面我也想找点儿有趣的事情做，所以我准备前往印度的哲雪铺，一个深入印度而且落后的地区。

你可能很好奇，印度有千百个世界知名的观光景点可以去（例如泰姬陵之类的），为什么我会选择这么一个偏远的地方呢？是什么原因让我远离观光路线，跑去一个名字听起来就很奇怪，又名不见经传的小地方？（我说小，其实哲雪铺人口超过一百万。在印度三十五个城市中排名第二十八。）

这一切都得感谢我大学的室友妮娜。想当初是贪图她有微波炉这种我缺少的方便电器产品才邀请她一起住。没想到她搬进来没多久，就想尽办法，无所不用其极地说服一个刚从阿根廷留学一年回来的得州佬（区区鄙人在下我）成为素食者。有没有搞错，得克萨斯州耶！我们的主食是大块牛排，而

且是要血淋淋的半熟的带血牛排！我的最爱！阿根廷是全世界出口最多鲜嫩牛肉的国家耶。可想而知，这并不是个简单任务，但是妮娜办到了，你可以想象这女孩多有说服力。（是的！她正是跟我一起去巴西，然后没带护照就一起不小心走进巴拉圭的那个妮娜。）

是她说服我，说我一定会爱上印度，她鼓励我毕业后去看一看。不仅如此，她还要我加入义工团队，到没有人听过的偏远地区服务，做一些我从来没做过的事情。这些偏远的地方几乎与世隔绝，甚至没有卫生纸，食物对我来说不是太辣就是加了太多香料。其实不要说这些地方，就连印度我都很陌生。是妮娜说服了我，她甚至为我找好义工计划，帮我报名，然后逼我签名参加。谢谢你妮娜！面对你的热情，我怎么可能不去呢？

于是我开始了农村发展协会（Tata Steel Rural Development Society）的义工工作。

哲雪铺，这城市过去曾隶属于邻邦巴哈尔，目前则划在贾坎德邦，贾坎德邦是印度严重未开发，相对比较危险的地区，这里也是我被指派服务的城市。哲雪铺被戏称是印度第一大“规划很好”的工

我和哲雪铺的村民还有义工伙伴 Jackie

业城，周围环绕着非常贫穷的农村，这些农村是我进行义工服务的地方。在这里，我经历了前所未有的体验，改变了我很多想法，我相信这种感触不只是对我而言，对当地人应该也是如此。我不知道是谁问了谁比较多的问题，是负责调查、采访的我，还是从未见过外国人的当地人。

在哲雪铺的某个村落里，大多数的小孩不是几乎看不见，就是全盲。很多都还只是婴儿，但视力却已经比我这个 1425 度的大近视还糟糕。我们尽了最大的努力去调查、研究，依然找不出原因。

上桌的是稀饭、一些辣味印度菜（扁豆煮烂后加香料，营养又有饱足感）、印度面包和一些包着一起吃的食材。我询问这些是否就是当地的典型餐食，他们的答复让每个人的眼眶都泛起泪光。他们说这是最富有的村民才吃得起的食物，而且一星期也只能吃一次。当地典型的餐食是妈妈将一把米煮到最浓稠的状态，然后把饭粒装到饭盒里，当作丈夫一整天在田里工作所吃的主食，她和小孩则分食剩下的米汤。这就是当地村民的饮食方式，米汤也是小朋友所能获取的唯一营养。因此虽然村里每一户人家都有十个以上的小孩，但是半数活不过五岁。

那一顿和村民吃的饭除了让我们心酸之外，也让我受益良多，更重要的是，直到那时候，我们和另一位医护人员才恍然大悟，这些小孩之所以会失明，是因为饮食中缺乏维生素A，他们需要的不过就是每天咬一口胡萝卜，一口胡萝卜的营养就可以让他们重见光明。一根胡萝卜，就这样。这世界上有些人正在环游世界，欣赏赞叹美景，有些人却因为一口胡萝卜而失明，这样的冲突实在让我心碎。

这世界会不会太残忍、太不公平！怎么可以如此对待这些村民，漠视他们的存在？社会怎么可以如此忽视这样严重的问题，不想办法去改善？距离这些苦难、失明的孩童仅仅一公里之外的有钱人，怎么能心安理得地过着挥霍的生活？这种种残酷的事实让我忍不住想放声大叫！真希望我能让时光倒流，回到过去，教那些妈妈们留下胡萝卜给小孩吃，不要为了多换一杯米而拿去卖。

当我们告诉大家这个简单的解决方法之后，妈

妈们脸上卸下了担忧的表情，我们突然深刻地领悟到，是啊！这世界就是这样残酷，社会正义可以这么虚伪这样令人作呕、世态可以如此的炎凉。但是，我们还是可以有所作为，就算是个人微薄的力量，都是可以提供帮助的力量。虽然我们无法帮助那些已经失明的小孩恢复视力，但也许，只是也许，我们可以让他们的下一代免除失明的痛苦。于是我放下愤世嫉俗的想法，转换成更加积极正面的思考模式，我想我们已经在哲雪铺那些偏远村子里留下能让他们的世界变得更美好的事情—— 一口胡萝卜。

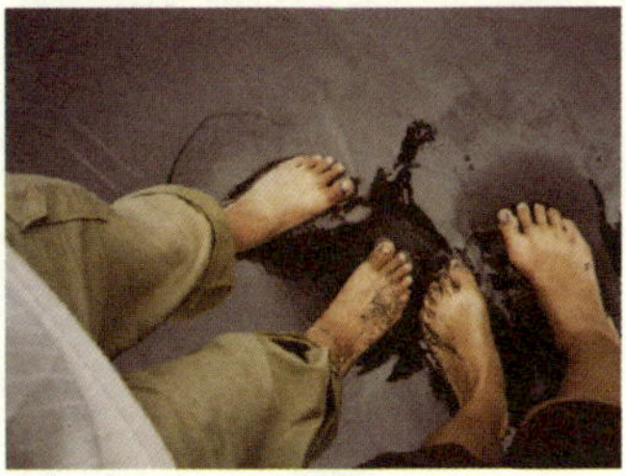

HP
your
GOODS
CARRIER
ASHOK LEYLAND
COMET

HP
GOODS
CARRIER

在印度，火车晚点是常有的事。在谷歌搜索键入“印度火车晚点”做关键字搜寻，大概 0.25 秒之内就会搜出 513,163 笔资料……

火车晚点的原因千奇百怪应有尽有，你想得到的想不到的都有可能，例如人太多所以晚点、道路整修晚点、车长喝醉酒晚点（还好不是司机）、恐怖分子攻击、铁轨上躺了一头牛、火车故障、暴雨、有人示威抗议以及找不到任何原因的晚点。

对当地人来说，火车晚点是家常便饭，大家早就习以为常见怪不怪。在印度做义工以及自助旅行两个多月之后，我也渐渐印度化，跟大家一样习惯了火车晚点这件事。

待在印度的这两个月，我独自去了一些印度最美也最难搞的地方。例如与巴基斯坦接壤，正处于战争状态的拉贾斯坦。在那里，大概当一个背包客可能碰到的所有问题，全部都陆陆续续发生在我身上：拉肚子、迷路、火车故障被迫租车，凌晨四点车子在荒郊野外抛锚（抛锚这件事情后来变成家常便饭）、被当地骑骆驼的人跟踪、明知自己被敲竹杠却只能忍气吞声、被数不清的计程车司机骚扰、身上快没钱、无聊得要命、必须 24 小时忍受 40°C 的高温、踩到骆驼大便，最严重的是想家，超级超级想家。

其实通常我不太容易想家，但是在经历这不可思议的两个月之后，我真的很想看到熟悉的脸孔。

终于，两个半月之后的某一天，我兴奋地在火车站等我最好的朋友妮娜出现。我的火车提早抵达（惊讶吧）。我大咧咧地坐在我的背包上胡思乱想，想着妮娜会不会放我鸽子不来了，幸好妮娜没有辜负我，她真的出现了。我看到她的时候眼泪马上夺眶而出，实在太开心也太感动（我证实了当旅行太久时，看到熟悉的脸孔会哭这个传言）。

我们是各自从印度不同的地方出发，然后选了中间一个叫作浦那的城市会合，计划一起坐几天的火车，到印度的最南端去旅行，对于这趟旅程我非常期待也很兴奋。现在多了妮娜陪我一起壮胆，我准备好要重新开始探险，迎接任何的新鲜事。

刚开始的几天一切顺利，我们大啖美食，聊过去两个月发生的事。然后，我们来到帕纳吉（Panaji）换车，这里的火车站挤满人，奇怪的是车站内却看不到一辆火车进站。

我们四处询问，想搞清楚状况，却得到一些莫名其妙的回答（因为不会说印度话，所以我们大都是用猜的）。以下是我们猜想出来的部分内容："没有火车……？……？……海边。"奇怪！他似乎有提到老鼠之类？"没有了……火车……掰掰……掉下去了……明天没有……后天没有……取消订票……下星期再来。"

我们在猜了几个小时候之后，推论出今天，明天或是短期内，这里都不会有火车……可是我们已

挤满人的印度帕纳吉火车站

在陌生的地方看到熟悉的朋友真是令人想哭

经买了这段火车之后的火车票，所以一定得赶到下一站。我们和几个人一起跳上一部小卡车，他们要去的地方跟我们同方向，不过小卡车的终点站跟我们的目的地还差一大段路，于是我们下了卡车改搭巴士，用一整个晚上的时间赶车。现在让我来描述一下这趟印度巴士之旅的路况，这里的火车已经够简陋了，没想到公路的状况比火车还要糟一百倍。

路上的坑洞比铺在上面的柏油还多，与其说是在马路上开车，倒不如说是把车勉强开在马路边边，因为马路的两边反而比较平坦。路中央隐藏着许多被雨水填满的小水塘，根本看不出来哪里有坑，坑到底有多深，一直到车子开过去，卡在坑里头的时候你才会知道。

司机在应付恶劣路面的同时，还得闪避从四面八方蹿出来的各种交通工具：卡车、房车、巴士、人力车、自行车、三轮车、摩托车、轻型摩托车、

惨事不断的印度之旅

行人，还有偶尔出现的牛。印度的牛拥有最大的路权，谁都得让它，对它无可奈何。我们在最颠簸的路上行车，坐在完全感觉不到避震效果的巴士里，司机显然很不喜欢踩刹车，原本预估就算顺利，这趟路程大概也得花四到五个小时，没想到这位仁兄两个小时就把我们载到目的地。妮娜和我下车后，头上和屁股上起码有十几处淤青，我记得我当时下车的第一句话是："吼！原来这就是失去重力的感觉。"没有人能在这趟旅途中睡着，除了司机。

当我们终于抵达南印度喀拉拉的柯钦（Kochin），背包客苦行僧的旅行方式让我们吃尽苦头，所以我们决定砸下重金，租一辆私家车前往最后一站。本来以为我们能够就此告别悲情，告别苦难，结果大错特错。我们所租的私家车在挣扎着爬上最后一个上坡的时候抛锚了好几次，每次司机都会消失一阵子，然后带着不知道从哪里弄到的一杯水，往引擎的散热器里倒，我们看着它冒烟，重新启动、爬坡、冒烟抛锚、司机消失、拿水回来、冒烟……一再重复这个过程，一直到终于……车子

动也不动，好极了……真是好极了……#※&

我们最终还是勉勉强强撑到了目的地，美丽的城市慕那尔 (Munnar)。二话不说，我们立刻找了一家便宜的青年旅馆，直接昏睡了一天一夜。这一段在屁股上的相同部位拥有同样淤青的坐车经验，让我和妮娜的友谊更加深厚。直到今天，我跟妮娜只要一起坐车就会互相撞来撞去，学牛叫，笑到翻掉。

那次的乘车经验确实很恐怖，却也是记忆最深刻最特别的一次，让我们带着一堆精彩的故事离开印度，可以向别人炫耀，还培养了耐心，建立了任何“颠簸道路”都破坏不了的坚固友情。

对了！你是不是很纳闷到底发生什么事，才让车站里一辆火车都没有？我们在当天晚上看到新闻，才知道我们要搭的火车脱轨，整辆列车冲进了大海，上帝保佑！阿门！

印度式求婚词

遇到男人搭讪，我会告诉他我结婚了，通常男士们会因此知难而退，然后把注意力转向其他“受害者”。但是在旅行的时候这招不见得有用，因为想追你的人可能会反过来对你说：“没关系！我也结婚了，你有兴趣当我第三个老婆吗？”

印度拉贾斯坦这个美丽的沙漠省份邻近巴基斯坦。拉贾斯坦非常漂亮，女人身上包覆的纱丽(Sari)五颜六色。而且，去过这么多国家，我从来没有看过一个地方的房子会全都涂成特定的几种颜色（粉红色、蓝色、金色），缤纷的色彩和荒芜的沙漠视觉反差十分强烈。拉贾斯坦的居民大都是游牧民族，他们居无定所、个性刚烈而且热情，坚守传统的生活模式与价值观。

我骑着骆驼来到拉贾斯坦沙漠的中央，它超喜欢转头喷我口水。兼任导游工作的驼夫刚刚向我求

美丽的沙漠都市齐沙默

超喜欢转头喷我口水的骆驼

婚，在沙漠待了三天都没洗澡、只有两件T恤轮着穿、被太阳晒伤、全身都是骆驼的口水、浑身上下臭得要死，这样狼狈的状态下，居然还会有人想娶我，或许我该觉得受宠若惊。

为了避免你一头雾水，搞不清楚我在讲什么，让我们先把画面静止，倒带，让我回溯一下。我的冒险犯难之旅其实早在驼夫求婚之前就已开始，原本我买的火车票是去齐沙默，晚上十点我准时到了火车站，车站的工作人员却不断对我摇头说：“没有！没有！没有火车！没有！没有！”然后他喃喃自语，讲了一堆我想连当地人都听不懂的话。争论一小时后，我放弃了，根本是鸡同鸭讲，完全有听没懂。于是我转而跟另外两个也是在车站等火车的外国人聊天，他们说那位激动的站长先生刚刚也对他们说了同样让人搞不懂的话。

既然站长帮不上忙，显然我们也上不了火车，

我们决定另外想办法。我们找来一位出租车司机，跟他讨价还价，最后对方愿意以三十元美元的价格载我们，三个人分摊每人只要十美元，我想十美元我还付得起，只要能把我平平安安、完完整整地载到目的地就好，这应该不会是很困难或是很过分的要求吧！不过！当我看到出租车的时候，我觉得我的要求可能还真是有点过分。

结果，一趟原本单纯而且短暂的车程，却花了十几个小时，这十几个小时包含：出租车司机睡着开离道路冲到路边、撞到一只突然冲上街头的牛（还好司机睡着了，半梦半醒间时速只有十公里），还有出租车过热，不断地在沙漠中熄火……林林总总大大小小事件，总共就是十几个小时。

最后他并没能把我们载到目的地，不过我们还是给了司机全额的钱，他真的很倒霉也很可怜，我想他回去的路还很遥远，不是路程遥远，是时间很遥远。

下了车，我们站在马路中央，想拦辆车，请司机先生大发慈悲让我们搭便车。刚开始我们挥手请司机停车，但是挥手显然没什么作用，于是我们决定以身挡车，用身体把整条马路堵住，然后闭上眼睛祈祷他们会停车，不会把我们直接送上天堂。这招果然有效，没多久，我们就爬上一辆卡车，卡车司机看起来还满脸困惑，于是我们继续上路。

到了齐沙默，我说服新认识的朋友和我一起参加三天两夜的骆驼探险，全程都在沙漠中，体验游牧民族的生活、旅行和吃饭方式。原本这应该是趟很棒、很有趣的行程，一开始也确实如此，直到我的驼夫莫名其妙地问起一些刺探性的问题，例如“你的臀部有多大”（关系到会不会生）之类的，最后他大概觉得我真的很合适，于是开口请我当他的第三个老婆。

拉贾斯坦女性身上五颜六色的纱丽

在我旁边是要我当他第三个老婆的驼夫

我以为他是开玩笑。所以我笑了……然后开玩笑地回答说："是喔！但是我比较想当大老婆耶"，我以为我用幽默的方式拒绝了他，但是他显然并不这么想。我说了这话之后，他并没有跟我一起笑，一脸肃然，看起来像是受到侮辱的样子。这真的是给我上了一课，关于印度求婚仪式的第一堂课。

我的运气算很好，最后还是全身而退，否则万一他火大直接让我消失在这小镇上，全世界应该没有人找得到我，因为没人知道我在哪里，或是怎么联系到我。他可以轻而易举地让我从雷达上消失，不留下一点痕迹。不过我也要感谢他，拜他所赐，我可以向朋友炫耀我遇过最诡异的求婚，保证第一手而且听都没听过。谁会因为你的臀部够大就开口求婚，而且是要你当他第三个老婆？

未走之路

未走之路

——罗伯特·弗罗斯特

金色的树林里有两条岔路
可惜我不能沿着两条路行走
我久久地站在那分岔的地方
极目眺望其中一条路的尽头
直到它转弯，消失在树林深处

然后我依然踏上了另一条路
这条路我想更值得我前往
因为它荒草丛生，人迹罕至
不过冷清与荒凉
两条路却几乎一模一样

那天早晨两条路都铺满落叶
落叶上都没有走过的痕迹
唉！我把第一条路留给未来
我知道人世间阡陌纵横
我不知道未来能否再回到那里

我将会一边叹息一边述说
在某个地方，在很久很久以后
曾有两条小路在树林中分开
我选了一条人迹稀少的行走
一切结果将截然不同

我爱这首诗，我爱它所表达的观点。人生中有许多时候，我都在忠实地实践这样的理念。我喜欢走大家不常走的路，走看起来比较少人踩踏过的小径。也因此，我要比其他人面临更多的挑战，但是也拥有更多有趣的经验。

为了演艺工作放弃医学院的学业是我人生中最大的岔路，虽然一开始并不是那么顺利，但是熬了几年之后，终究还是有点成绩。

旅行的时候也一样。2001 年我大学毕业、毕业之后到印度做义工，之后决定到台湾待六个月。搬到台湾之前，我跟我妈还有姐姐克里斯汀一起到尼泊尔作了一趟“纯女性之旅”。

我们想见识美丽的喜马拉雅山脉。当时尼泊尔正值雨季，游客并不多，各个地方都没什么人，我们是旅馆里唯一的客人，也是唯一参观圣殿的观光客。

有一天，我们三个女生在城里闲晃，碰到一名年轻的导游，他说他愿意带我们去健行，穿越安那普尔那部分地区。这是一趟游览较低海拔区域的三日游，其实我们很想去更高的地方，可以更接近喜马拉雅的巨峰群，但是我们没有足够的装备，如防滑钉鞋、氧气筒、特制登山服等等，于是我们接受了导游的建议，放弃高海拔。

我们来到一座不高的小山上闲晃，边走边唱“真善美”，然后一边拍照，导游突然指着山下一个小村落说，那是他出生长大的地方，他母亲现在还住

尼泊尔纯女性之旅成员，妈妈、我、姐姐

在村里。我妈立刻说她想下去看看，但是这个村子完全不在我们的既定行程里，而且如此一来就必须放弃或改变后面的行程。

不过那又怎么样呢？说不定有更多的惊喜就在村子里等我们，于是我们决定往下走。导游家所在的村子很可爱，只有几户人家，一大片花园和稻田，稻田可以自给自足，花园则跟周遭环境相融合，感觉村民与大自然相处得十分愉快而且融洽。

我们穿过村子来到导游妈妈居住的茅草屋，他妈妈看到儿子突然回家时又惊又喜。我妈跟导游的妈妈一个是台湾人，一个是尼泊尔人，没有共通的语言，只用肢体语言沟通。神奇的是，几个小时之后，两位妈妈却弄出一桌的面饼，让我们享用悠闲的“小村落下午茶”。

我不知道这是不是当妈妈的本能，她们很开心地闲聊（应该说是优雅地比手画脚吧），做东西给

姐姐和妈妈

所有的人吃，这只是一顿简单的下午茶，可是下午茶的内容不是重点，彼此的互动与接触才让人印象深刻。

我们到现在都还记得这家人的好客、尼泊尔人地道的生活、他们家的样子、平常吃的食物以及他们是怎样悠闲过日子等等。

如果我们当初按照原定计划，我们就会错过这个美好的夜晚。在整个尼泊尔旅程中，最让大家印象深刻的不是五星级饭店，不是美食餐厅，也不是我们买的纪念品，而是这趟导游的小村落意外之旅。

我觉得旅行最棒的地方是能真正体验一个国家的文化，然后带着收获带着回忆回家。所谓的收获不是明信片或是纪念品，所谓的体验不是参观风景名胜，而是去接近当地人，从他们身上去了解当地

左起：尼泊尔导游、他的妈妈、我姐姐、我、我妈妈

的文化与生活。

我旅行的时候喜欢认识人，认识住在当地土生土长的人，我觉得只有这种方式才能真正认识一个地方、一种文化、一个民族。有时候你得绕道，放弃大家都会去的地方，走条人迹罕至的路，就像罗伯特·弗罗斯特说的，走人们比较少走的路。

很痛的一堂课

我和一起旅行的朋友

关于疼痛这件事，我最深刻的一次体验是在柬埔寨。有一天，我和一起旅行的朋友决定租辆自行车代步，因为我们实在厌倦跟一大票游客一起挤在吴哥窟看遗迹。

我们骑着自行车在吴哥窟附近闲晃，探索古老庙宇附近的村落。两个人骑了一整天自行车，享受美丽的景致、与和善的村民聊天、第一次吃鸡屁股、为那些咧嘴大笑跃进湖里的孩子拍照。通过近距离接触吴哥窟附近的人事物，见证真正的柬埔寨文化，让我们想象与体会当初高棉帝国鼎盛时期应有的荣景。真的是很棒很开心的一天。

到了晚上，一切都不一样了！因为在没铺柏油的石子路上骑了一整天，应该有十小时以上吧，所以屁股又酸又痛。除了屁股之外，本来一切都还好，一直到当天晚上洗完热水澡，才开始感觉到阵阵刺痛。喔！老天！我永远也忘不了那天晚上，真是要命的痛。

可是既然自诩“经验丰富”的旅行达人，所以我依经验假设疼痛很快就会不见。所以接下来的几天，尽管刺痛和可恨的瘙痒感没有缓解（事实上已经变得有如火在烧），我仍然非常有自信而且很倔强地没有

在吴哥窟的各个景点都在极力忍耐

去医院检查。主要是因为，真的有点尴尬，因为刺痛跟瘙痒刚刚好就在那里——人生命的发源地。

刺痛跟瘙痒也就算了，眼一闭牙一咬也还撑得过去，惨绝人寰的是我还不断跑厕所（别担心，我不会说得太详细太有画面感，我知道做人与写文章的分寸）。总归一句，就是个让人难堪，让人十分不悦的状况。

最终我终于投降承认不行，我已经痛到一碰水就会大声咆哮、大发雷霆，我必须到急诊室，立刻！

事后我曾回头反省，我其实早该在出现下列重要而且不寻常的症状时，就尽快就医：

1. 每次尿尿都会哭

2. 每次都哭着尿尿

3. 不想喝水以免又要尿尿

4. 走路外八，而且走得很慢很慢

5. 还要继续吗？你的眉头应该已经皱了好几层，摇头无法相信我的愚蠢吧！

于是我缩着腿夹着屁股（也不能夹太紧因为会无与伦比的疼痛）去最近的医院挂急诊。我像只温驯的小猫乖乖躺在病床上，当护士前来查看我尴尬的部位的感染时，他们倒抽一口凉气，快跑离开病房，然后用最快的速度跑着带回一位住院医生。住院医生看了之后，没错！也倒抽一口气，惊讶得说不出话。

检查之后的结果是我有尿道感染、细菌阴道感

染、膀胱感染、病毒性尿道炎。医生还在病历上写下 pneumonoultramicroscopicsilicovolcanokoniosis 这个宇宙超级无敌长的字，我也搞不清楚他到底是好玩还是爱显，想说终于逮到机会写下这个病名，因为其实我并没有感染 pneumonoultramicroscopicsilicovolcanokoniosis。

现在我还笑得出来，还会把这件事拿来开玩笑，但是相信我，如果你从来没有得过上述任何一种感染，你绝对无法想象当我横扫所有病菌之后，那些痛苦的日子有多漫长，有多难以忍受，有多么的煎熬，大概就像在十八层地狱被轮着整一样吧。

这件事让我学到一个教训：下一次如果再有“那里”或任何地方不对劲，可能影响身心健康，或是导致情绪崩溃的时候，我会立刻去做检查，不管是不是 pneumonoultramicroscopicsilicovolcanokoniosis。

注 一：pneumonoultramicroscopicsilicovolcanokoniosis 是一种肺病，好发在矿工身上，因为他们易吸入过多的含硅尘埃而罹患。

注二：是的！我查过字典。

注三：我真的没有感染这种病。

我将保佑你

我在印度纳西克接受一天十小时密集的瑜伽师特训，一个星期受训六天，有一天是自由活动时间。其实在这个前不着村、后不着店的偏僻地方，所谓的休假只是让我们可以在附近的村庄闲晃几个小时，然后走回宿舍，再用五小时的瑜伽来度过这一天剩余的时间。

某一天假日，我和我朋友狄威厌倦再去村里乱晃，决定到附近爬山。一路上风景非常美，天气也令人感到很舒服。爬到山顶往下看更是令人赞叹，我们居住的村落就在下方，房子被包围在绿色的山谷中，看起来五彩缤纷，让人感觉心胸开阔，感觉自己很伟大却也很渺小。

可能是受训太久有点职业病，我和狄威在悬崖边拍了一些摆瑜伽姿势的愚蠢照片，就在拍照过程中，我突然发现不远的地方有一座小庙，那真的是座名副其实的小庙，外观看起来大概只能挤进去一个人。

出于谢氏家族天生的强烈好奇心，我想看看庙里头到底是什么样子，因此我走到门口探头往内瞧。不看还好，看了吓得我差点心脏病发外加尿失禁，因为，里面有一个人，而且因为庙太小，所以我探

神秘祈福男和他的小庙

在陌生国度被陌生人祝福

头的时候几乎撞到他。那个“人”坐在庙里一动也不动，闭着眼睛什么话也没有说，似乎没发现我差点撞到他，也没听见我被吓得撞到天花板的惨叫声。

我深呼吸缓和情绪，等到稍微没那么紧张之后，低了声说对不起，然后准备撤退逃跑。就在这时候他突然开口说话“我将保佑你。”（I Will bless you.）

我以为我听错了，愣了三秒钟才回过神，但是我确定他真的是说要为我祈福。我心想，不管他是好人、坏人或是怪咖，不管我有多紧张多害怕，如果有人在山上一个小不拉叽的庙里说要帮我祈福，我想我最好还是答应他。

于是我想办法挤进庙里，而且尽可能不要碰到他，免得他觉得被冒犯了，然后坐下来面对他，接着他开始吟诵经文，很长很长的经文。他把手在我身体四周和头的附近摇呀摇，含糊地说着一些我完全听不懂的话（我猜可能是古老的梵文吧）。就在我快要睡着且开始神游的时候，他停了下来，轻轻碰一下我额头把我拉回现实。

接着他说：“你已经被保佑了。”（You are blessed.）

然后四周一片安静，他再次不理我。我就这

小庙就在这个悬崖边

样僵在那里，不知道接下来该怎么办，这位先生完成了保佑我的仪式之后，又回到原本的打坐姿态，一动也不动，继续他的灵修。于是我说了声“namaste”（印度话的谢谢），然后缓缓退出小庙。

我一边走，一边回头看，心想着那座小庙和那个神秘的祈福男子，会不会在我回头的时候突然蒸发消失于空气中。我还捏了自己几下来确认刚刚所发生的事情不是梦境。然后我摸了摸自己的额头，发现额头上沾有红色的记号，证明刚刚的一切都是真的，而且更重要的是，我已经被保佑了！

我喜欢在旅途中遇到这样的惊喜，其实从一开始，从头到尾，这整个瑜伽训练课程就是一次奇遇，在这一个月中，我遇到好多出乎意料之外的事情，这些事情到最后都变成我生命中最棒的经验之一。我站在山顶上欣赏美丽的风景，赞叹眼前的景致，从来没有料想到还有更多更棒的体验即将发生。所以有时候我们必须提醒自己保持弹性，张开双眼感受身边的事物。旅行的意义也是如此，它能教我们很多生活上的事，不要刻意去抵抗命运，谁知道它们会不会替你带来像我一样，在一个陌生的国度被一位陌生人祝福呢？

静坐好过什么都不做

泰国曼谷，一个充满活力与微笑的城市，这里有各式各样的大型商场、大型购物中心以及全亚洲最大的假日市集，这里是购物天堂，也是世界最著名的旅游景点之一。

但是，我现在却在曼谷安静地……坐着。

是的！不要怀疑，我就只是坐着，一动也不动，要坐上十个小时。我来曼谷很多次，为了拍广告、转机，还有一次是从柬埔寨一路玩到苏梅岛经过曼谷，每次的目的都不一样，但是这次最特别，因为我要来这里打坐。

玛哈泰寺（Wat Mahathat）离大皇宫以及金庙不远，这两个地方每年吸引数百万的游客。玛哈泰寺虽然离观光景点很近，却是供人打坐与修行的地方。这里有个课程，每一梯次十天，学员在这十天中每天须静坐十小时。据说这总计一百小时的时间，可以让人找到平静的心灵、净化自我、重拾人性最纯真的本质。阿弥陀佛！但是对我来说，光是第一天的十小时，就快让我疯掉。

你先不要嘲笑我是多动儿，你自己试试，不必十小时，只要十分钟就好，抛开所有的杂念，盘起双腿……也不必盘腿，只要维持一个姿势不动（我

我与可爱的泰国小和尚，看到小和尚手中的 Wally 了吗？

知道你在想什么，请坐着不要躺着，是静坐），不动……我觉得……哇哩咧时间怎么过得这么慢呢！

我一直以为我已经尝试过各种的旅行方式，可以称得上是 Pro（专家），所以当有人挑战我的权威，告诉我泰国有座寺庙，只要打坐守规矩，就可以包吃包住，我什么都没想就打包上路了。

所谓的规矩其实很简单：

1. 女人不可以碰到和尚

2. 只能穿白色衣服

3. 除了尼姑之外，不可以跟任何人交谈，而且话题只能跟打坐有关

4. 除了用餐时间之外，不可以吃任何东西（这里一天两餐，可以吃荤）

5. 要帮忙打扫做杂事

我觉得这真是去泰国旅行的最好方式，通过精神层面来了解这个国家。泰国以佛教立国，全国95%的人是虔诚的佛教徒，想体验原汁原味的泰国生活，没有比到当地诚心礼佛、静心打坐更好的方式了。更重要的是——吃住免费。

●打坐的第一天：

刚开始的两个小时让我感觉像是二十个小时，我一直偷瞄旁边的人，用余光找出任何可以告诉我到底还有多少时间的东西。想着我到底为什么来这里？我是疯了吗？我能撑多久？等打坐结束我们会吃什么？我的腿毛究竟有几根？可以出去逛街吗？规矩应该没有不能逛街这一条。总而言之，我是整个心浮气躁心神不宁。

两小时过后更惨，幽闭恐惧症的症状一一浮现，我感觉自己被囚禁在密闭的空间，空气无法流通，又闷又热，我开始头昏脑涨，房间在眼前旋转，我觉得没办法呼吸，然后就晕了过去，整个人躺平瘫在地上。我到那一天才知道，原来光是坐着不动，也是可以坐到昏倒。

当然，我没办法完成剩下的时间，于是我告诉师父身体不舒服，然后回到卧房，躺在铺了浴巾的地板上，瞪大眼睛凝视着天花板，好想头也不回地逃走。我好像被关在牢笼里，失去自由无法挣脱，我不可能完成这十天的训练，这太难了。不过我还是硬逼自己留下来，因为我是自愿报名参加的，好强的个性让我很想克服这个挑战，完成当初的决定。

●打坐的第二天：

经过第一天的洗礼，第二天感觉容易多了。两个小时过后我并没有晕倒，于是我下定决心无论如何一定要熬过十小时。我依照师父的指示，摒除杂念，把注意力集中在呼吸上，想办法把脑袋放空。放空真的很难，我不断地想着等一下是不是要吃炒河粉，或是躺在洁白的沙滩上，一手拿着新鲜的椰子汁，一手抱着我心爱的“布拉德•皮特”，我的嘴角因为想到小布而微微上扬。

我根本控制不了思绪，只能随它乱蹿。就在胡思乱想之中，我居然熬过十小时，虽然时间的流动依然很缓慢，虽然我双腿发麻，虽然很想躺下来睡觉，虽然真的让人抓狂，但是我熬过去了。我完成了十小时的静坐，感觉非常骄傲。

●打坐的第三天：

真是不可思议，我竟然觉得打坐还蛮有意思的。第三天，我不再只是坐着胡思乱想，我开始进入冥想时清静无扰的状态，放空心灵无所牵绊，真的很妙。没有冥想放空的时候，我开始帮寺里做些杂事，因为不会说泰文，所以太复杂的工作也轮不到我。我只能帮忙洗菜、切菜、扫地、擦桌椅，我比比画画地跟她们沟通，尼姑们都很友善，她们似乎已经原谅我第一天晕倒在地上的事（我想她们根本就没放在心上，习惯了），我开始觉得这里有家的感觉。

第三天过得很棒，我很高兴当初选择用修行来了解泰国，同时也很庆幸自己没有第一天就离开。

●打坐的第四天：

我完成五小时的打坐，然后回到房间收拾行李，留下白色的打坐服给下一个想要自我探索的人，跟我的尼姑朋友们一一道别，捐了一点钱，然后搭上飞往巴黎的飞机。

我常常在想，如果不是订了第四天的飞机飞往巴黎，我会不会留下来完成剩下六天的打坐呢？从小我就告诉自己，只要下定决心，这世界上没有办不到的事情。

不过对于打坐这件事，我心里头还有另外一个

声音告诉我，我很快就会放弃，因为我是个多动儿，我的个性一向静不下来，永远都在寻找新的刺激、新的探险、新的乐趣，我怎么可能在剩下的六天乖乖坐在那里十小时。

这次的泰国打坐四日游获益良多，不只屁股酸痛，我还体认到，旅行方式真是五花八门，无聊的方式也可以是一种创意。

虽然说一个星期的时间，不可能深入了解一个国家的文化，但是挑一个微不足道的起点，认真深入地去体会，或许可以开另外一扇门，让你更容易进入另一个文化的灵魂，更酷的是，你还可以通过这样的方式了解你自己，探索自我。

泰国曼谷玛哈泰寺给我全然不同的体验，比我过去任何的旅程都充实，因为我是从心灵的层面去这个国家旅行。

现在你应该知道旅行不一定非得花大钱，或是跟着旅行指南走行程，不必按照经验法则住饭店或是青年旅馆，不必挤在拥挤的人群之中购物，也不必通过著名的观光景点来了解当地。

有时候只要你知道该往哪里走，或是像我一样，知道该往哪里坐，最大的惊喜与收获，往往就隐藏在最不起眼的角落，最最让人再三回味，永远难忘的回忆，其实远在天边近在眼前。

挑一个微不足道的起点，认真深入地去体会，或许可以开另外一扇门，让你更容易进入另一个文化的灵魂。

这份工作是……陪小孩玩

书上常说女人天生就有母性，显然写书的人并不认识我，不然就不会这样认为。从小到大我跟婴儿一直都不大熟，但是在2004年，我不得不学着跟他们混熟，因为不然我会饿死。

2004年我带了一个行李箱、一个小背包以及远大的梦想来到巴黎。好啦！我承认我是为了我的法国男朋友才搬去巴黎的，不过这不是重点，重点是我想独立自主过我的生活，这也是我天生的本性。但是要在一个语言不通、人生地不熟、我又不能合法工作的国家表现独立的一面，确实是有点困难，这样讲算是礼貌性的含蓄，其实是非常困难。不过我一向坚信很难不代表不可能，不管是什么样艰难的环境或是多么棘手的问题，只要勇往直前，最后一定会有好结果。我花了一个月的时间在巴黎安顿下来，然后试着找工作，我几乎应聘过各种工作，包括巴黎当地中国旅游局的导游，但是没想到面试很快就结束了：

对方：你会说中文吗？

我：一点点。

对方：你会说法文吗？

我：不会耶！

对方：巴黎你很熟吗？

我：我一个月前才搬过来。

对方：……谢谢！

我：喔！好！谢谢！

所以我可以在这儿工作吗？

对方：嗯……我们会再通知你。

我：喔！好！谢谢！

之后，我试着打电话联络一些模特经纪公司，看看他们是否需要东方脸孔的模特，他们一开始对我很有兴趣（欧耶！），直到我说我的身高不到190厘米，体重超过45公斤之后，他们就谢谢再联络，我想我在巴黎的模特生涯，除非奇迹出现，否则应该是毫无指望。

我也去中国城的餐厅应聘过厨师、服务生、门房、杂役、洗碗工……结果什么下文也没有。我到台湾文化中心询问缺不缺会说台语和一点点中文的英语老师，他们对我很有兴趣，问题是所有的小朋友都放暑假去了，我只能一个月后再来。虽然说终于有件可能成功的工作，但是我应该会在那之前就先破产流落街头，所以还是得再找其他工作赚钱，而且要快，在我一文不名，浪迹巴黎街头捡宝特瓶之前。

我也考虑去街上当街头艺人赚钱，但是就算我有带小提琴来法国，我还是不能表演，因为我拿不到街头艺人许可证，没有许可证在街头表演，被逮到后会被驱逐出境。我上网查、四处问、在论坛上发贴、哀求、恳求、乞求，唯一没尝试的大概只剩下出卖肉体了。

弥漫绝望气息的某一天，我几乎要放弃在巴黎找工作的念头，当天姐姐在巴黎的朋友问我能不能帮忙照顾她七个月大的小婴儿，她跟她先生要外出用餐。我想小婴儿反正都在睡觉，我也不必特别去做什么，只要陪他几个小时，待在家里，看看电视DVD，等他们吃完晚餐回家，于是我答应了。时间过得很快，几个小时一下就过了，也没发生什么特别的事情，他们夫妻回家之后，我跟他们道别，本来以为只是义务帮忙，没想到他们竟然给我二十块欧元！二十欧元在我的脑海里打出一道强光，嘿嘿……我终于知道我能做什么了！我很快就找到我的第一只小白鼠，咳咳……应该说是第一个幸运的家庭。他们人很好，耐心地听我解释以及自我推荐，我说我没有相关经验，不曾帮小贝比换过尿片，而且最贴近婴儿照顾的经验是帮我养的宠物兔子打针。但是我强调我非常非常需要这份工作，重点是我学得很快，而且根据书上的讲法，我是个女人，所以我绝对具备母性的特质。

他们想了想之后选择相信我，于是我马上被雇用上班。我的第一个婴儿纳瑟莉是个天使，虽然全天下的父母都会这么形容自己的小孩，但纳瑟莉真的是我前所未见、超好养的小宝宝，她也是我目前唯一照顾过的婴儿。回头想想，她确实是我的天使，我的甜心宝贝，在我最无助的时候出现在我生命中，能够照顾她是我的运气也是我的福分，我也很开心当她的保姆。纳瑟莉的父母也是我见过最好的人之一，我跟他们变成了好朋友，当时一个人在国外，朋友对我真的非常重要。

我为他们工作之后，经由他们的介绍以及朋友的口耳相传，又得到更多当保姆的机会。到了月底，我已赚到足够的钱去上一天四小时的法语课、慰劳自己买些美味的法式巧克力、奶酪、淡菜、法国面包，甚至鹅肝酱！

虽然我还是买不起人生的第一个 LV 包包，但是没关系，我相信未来总有一天我会买得起。至于现在嘛，我只想证明我一个人在巴黎也能把自己照顾得好好的，只要我记得出门前洗掉小宝宝在我 T 恤上流的口水和撒的尿。

沙漠之尿

撒哈拉沙漠是一个很妙的地方，它是全世界最大的沙漠，面积约九百万平方公里，差不多同美国或欧洲一样大。这些沙丘随随便便就高一百八十米，超过三百万年历史。2004 年我们全家人一起去了一趟撒哈拉沙漠，那是一趟很棒的旅行，我与家人晚上就睡在沙丘边。这些沙丘会随风移动，缓缓横越整个沙漠，沙漠上的树、帐篷（或许你正睡在里面）、车（如果你开得够慢），甚至整座城市，都可能在一夜之间被掩埋，不留下任何痕迹。

除了有吞噬的能力之外，撒哈拉沙漠还有一个很神奇的地方，特别是当你走在沙漠的中央。因为这里的沙不断来来回回移动，所以你脚下踩的沙可能是几千年前埃及法老王图坦卡门、阿拉伯的劳伦斯、小王子，甚至是耶稣所踩过的。风吹蚀撒哈拉沙漠千万年，将沙粒卷起又抛落，来来回回，沙子因而变得又滑又细，触感就像水一样。

我和姐姐躺在沙丘上，轻轻地抚摸着细沙，闭起眼睛，细沙像水一样流过指间。看着没被光害污染的满天星斗，这里的星星又亮又大，每一颗看起来就像要从天空向你俯冲而来，大自然真的是非常神奇而且伟大，就在这时候，我开始感受到身体内大自然力量的召唤：我好想尿尿！

经过这几天的沙漠生活，我们都已经习惯沙漠的生活方式，想上厕所？自己找一个安静的小角落，就可以自由自在地灌溉土壤。但是现在是晚上，我

姐姐克里斯汀、老爹 Joe、姐夫的妈妈 Maria、姐夫 Rene、妈咪 Sally、Thuri、Janet

害怕掉队，不想跑太远，所以就在沙丘附近随便找个地方解决。就在上厕所的时候，我看到好几颗流星划过天际，照亮了整片天空，而且持续时间很长，足够许上三个愿望，于是上完厕所之后，我兴奋地跑回营地告诉大家，找大家一起爬上沙丘看流星。

我们全都仰着头站在那“哦！”或是“哇！”地对着天空惊叹，看着一颗又一颗闪亮的流星拖着长长的尾巴横越星空，就在大家不断赞叹的时候，突然有人大叫一声，是我妈妈说：“奇怪！这里的沙子踩起来怪怪的！其他的沙子都又软又滑又冰冷，怎么只有这块特别不一样，湿湿黏黏暖暖的。”

听到她这么说，大家马上都跑过去凑热闹，纷纷把脚踩在我妈妈说的那块沙地上，用沙子磨蹭自己的脚，感受她口中说的特别触感。忽然我跟姐姐同时意识到：这里不就是我刚刚尿尿的地方吗？

我和姐姐不敢吭声，只是在心里窃笑，没多久我妈妈也发现了（应该是味道终于传进了鼻子里），她跳起来大喊（这段话我一辈子都忘不了）：

“拜托哦！我大老远从世界的另一头飞过来，然后横越大半个撒哈拉沙漠，站在撒哈拉沙漠的中间，怎么就这么倒霉刚好踩在你的尿尿上面？”

我们都笑翻了，笑到肚子痛，笑到每个人都差点失禁，差点在这广大的撒哈拉沙漠中间，制造更多的湿地。

Part 03 / 让世界成为你的游乐场

LET THE WORLD BE YOUR PLAYGROUND

一些床上的事

打包行李二三事

旅途中的美丽秘诀

亲几下才不失礼

比"Hello"更实用的问候语

一些床上的事

关于“睡觉”这档事我是超级不挑，无论硬或软、宽或窄、长或短、小或大，任何形状大小我都可以。别想太多，我说的是我们习以为常、花去一生 35% 的时间躺在上头的“床”。根据统计，睡觉占了每个人生命的 23.45 年。（23.45 年的睡眠时间代表我们约有 43.6 年是醒着的，然后，从中各扣掉十年给儿童和老年时期，所以真正剩下的精华岁月并不多，好好善用每分每秒及时行乐吧！）

抱歉！离题了！回到今天关于床的主题，如果你像我一样爱动，等你跑遍许多国家后，一定也会累积很多有趣、奇特的异国“床”的体验。

我不是那种挑剔一定要睡哪里的人，也不需要五星级、奢侈的六百织埃及棉布床单和羽毛枕才能安然入睡，然后满心期待会做个好梦，梦到与布拉德·皮特一起躺在床上。不过！真有这么好的事我也不介意啦！（我的好事不是指梦见和布拉德·皮特躺在一起，那么舒服的床单跟枕头我是不可能故意耍帅扔下床的！）

基本上，床对我来说只是晚上用来睡觉的地方，好让我清醒之后可以好好享受更多好玩而且新鲜刺激的旅程。不过，这么多年来躺遍大江南北的历练，有些床真的让我印象深刻。对我来说，有时候床不只是张床，床也可以是美丽的故事或难忘的经验，好比以下几个例子：

我的最爱

因为一身好睡功，所以只要你说得出来，不管是摇晃、飞行、漂浮、滚动、跳跃、重击等等各种极端状况，我都能入睡。你也许会质疑：在旅行途中睡觉多么浪费，应该要看看窗外、欣赏路上美丽的风景才对啊。（以前跟家人在美国旅行，如果不小心在车上睡着，爸爸都会把我骂醒，要我多看看沿途的风光。）

有句话说得好，旅行不是只为了参观目的地，过程中的每一刻都是在旅行，所以我们应该要享受每分每秒（这是我爸爸要求我这样写的！哈哈！开玩笑的啦！真的不要从头到尾都在睡觉喔，那你会错过很多美景）。但是坦白说，在路上打瞌睡也是在享受旅行啊，不然在家睡觉不就好了。其实放轻松随兴一点，但是也不要一路睡，尽量保持清醒，看看窗外美丽的树林、山啊海的，免得后悔。

现在大家都明白我非常能睡，而且连在移动的车上都可以睡得很香甜。那么，哪种交通工具是我最喜欢睡，而且睡得最夸张的呢？嘿嘿！卧铺列车绝对是我的最爱，不知道是不是因为我在成长过程中从来没有搭过火车，或是看了太多浪漫小说，叙述在火车上巧遇让人神魂颠倒心神俱碎的男子，而导致从我开始独自旅行，就爱上搭火车。而且，火车开得越慢越好，时间越长越好。所以，当我第一次知道可以在火车上过夜，我心想，天啊！原来这世界上真的有天堂。

印象特别深刻的一次，是在往苏梅岛的路上，从曼谷坐到素叻他尼。那不是很豪华的火车，事实上就连“还好”都算不上。而且我们买了二等车厢的票，所以没有冷气，但是窗口可以开点小缝。我原本以为这一路上会特别热，没想到当我们往南越来越接近赤道地区时，没有冷气居然不是问题。因为整夜窗口开着小缝，火车又在行进，新鲜空气不断吹进车厢，空气流通，当然睡得舒服。

我一大早就醒了，享受着最甜美最怡人的微风。不想让其他感官取代这美好的感觉，我几乎不想睁开眼，但是当我忍不住张开双眼，看到的却是最简单但却也最感人的景色，刚好与阵阵的微风搭配得恰到好处。

朝阳刚从地平线探出头来，泰国乡间的农田与农舍忽远忽近，匆匆一瞥农人正开始收割稻米，下一幕却是水牛悠闲地散步田间。除了火车轰隆碾过铁轨的声音，清晨五点，大地一片寂静，我觉得自己好像第一次认真看世界，感觉如此的新鲜、如此的不受干扰、如此的自然纯粹。

我笑了，这是我和世界独处的时刻；一个重新审视自己的时刻，感觉真的很棒。我蜷起身子，将我的手臂勾住当时最想依赖一辈子的人，心满意足地倒头继续睡觉。那是我这一生当中，身体每个细胞都感到百分百满足的时刻，谁能想到这么美好的时刻居然是在一个二等卧铺的车厢里呢?

最便宜

巴西有最美、最轻巧，又最坚固的手工吊床，我用五美元买了一个，打算把这作为回家后送给爸妈的礼物，他们应该从来没有看过这样的吊床。

我最大的错误就是太早买了吊床，之后的行程都多了一件行李要提。吊床不贵，但是却大大增加了我行李的重量。不像背包里其他用得到的东西，它只是个要送人的礼物，不具备任何实用功能。一直到有天深夜一点多，我抵达巴西海滩小镇Jericoaracoa，找遍四周都订不到旅馆，这时候吊床终于派上用场。

我有两个选择：在这个沉睡中、我一点也不了解的小镇上四处游荡，看看能不能找到可以让我待

上几小时的房间；或者，拆开送给爸妈的礼物，选两棵树把它吊起来，就在星空下、吹着清凉的微风免费过一晚。我很快地作了抉择躺上吊床。（我觉得我在半夜或非常疲惫的时候反应特别快也想得特别清楚，不过让我快速下定决心，放弃找真正的床来睡的原因是，我非常非常非常非常地疲惫，真的懒得再动了！）

那晚我发现把吊床拿来睡真的要比当作未拆封的礼物来得实际，而且吊床不但能用来睡还能卷起来当毯子，还可以当蚊帐！整晚我睡得像个婴儿（虽然早上醒来屁股很酸），然后我又花了几个晚上学习睡吊床的最佳姿势，于是再也不会因为腰酸背痛而必须半夜醒来调整睡姿。

最后，我就睡在那张吊床上长达两个星期，算一算费用，五美元除以十四天，**每晚我花三十六美分睡这张床。这百分之百是我睡过最最便宜的床。**

喔！你可能想问我，那我爸妈最后到底有没有拿到这张吊床呢？答案是……并没有。是自己偷偷留起来用吗？不！我不是这种人（唉……也要看情况啦）。因为就在离开巴西的前几天，我遇到一家旅馆老板很喜欢这吊床，所以我用它交换到三天沙帕达迪亚曼蒂纳国家公园的丛林导览。我算是赚到了，靠一张吊床获利。当然，很遗憾它必须换主人，毕竟我们曾经一起度过美好的时光，但是我也很开心看见有人与我一样那么喜欢它。谁知道呢？说不定哪天我又回到那家旅馆，那张五美元的吊床也许依然留在那里，让其他过客也能跟我一样，拥有许多快乐的夜晚，而且百分之百不会被蚊子骚扰喔！

最小

我在巴西里约热内卢外的格兰德岛海滩待的海滨小小屋是我住过最小的房子，当然还有最小的床。基本上，我个人认为房子根本就是盖给阿富汗猎犬或洛威纳等大型狗狗住的，一点也不夸张。我猜房子的主人大概嫌生活太无聊，想整整我们这些可怜的旅人，看我们的笑话。让我们满心欢喜，以为走运可以住进便宜的梦想中的“滨海小屋”，享受开门就见海的奢侈感觉。等到住进去才知道，所谓的滨海小屋其实是必须蜷起身体才能塞进去的滨海小小屋。

大体上来说，“滨海小小屋”也不算太糟啦！我必须赞美主人的远见（或许我该赞美的是当初选择这里定居的狗狗）；我每晚看着星星睡觉，踏出门口一步就是海滩，清晨就在一波波的海浪声中醒来。其实如果你懂得住这房子的诀窍，小小屋住起来还挺舒服的。每当我躺进小小屋，弯起身体蜷缩着睡觉，感觉非常心满意足。唯一的遗憾是我的腿太长而屋子太短，所以会露出一小截在屋外，让我对我那一截脚没能分享到小小屋的舒适体验而有点不太好意思。

虽然这是我个人住过最小的床，但是我听说日本有一种称作太空胶囊的旅馆，专门提供给精疲力竭或喝醉的人，只要花上几千日元，就可以在棺材大小的房间里休息一个晚上或几个小时。有机会我一定也要试试，好打破自己的纪录。不信你可以上网查一下“太空胶囊旅馆”，听说小归小，里头还附电视、电动玩具、无线网络……

最柔软

就像全天下所有的妈妈都觉得自己的孩子是最可爱的一样，很多人都认为自己的床是全世界最柔软最舒服的床。

如果你也这样想，那你一定要试试我姐夫的阿姨家里的棉花糖床，床就在瑞士阿尔卑斯山因特拉肯冬季度假屋的阁楼里。相信我，如果你睡过，你也会同意我的说法，那的的确确是全世界最柔软的床。

经过长时间的跋山涉水之后，我们在傍晚抵达瑞士穆伦，大家都累坏了，又饿又臭。虽然精疲力竭，但是我和姐姐可是来自美食至上的谢氏家族，我们当然永远也不可能会累到吃不下当地美食，更何况其中还有我最爱的奶酪锅。如果你了解我，知道我有多爱吃，知道我有多么多么爱吃奶酪，那么我说那晚我一共吃了二点二磅（一公斤）的奶酪，或许你的下巴就不会掉得那么下面。

吃完奶酪锅之后，我觉得我已经累到要晕倒在奶酪里了。更惨的是，我还接着喝了很多的梅子蒸馏酒，因为姐夫说这可以避免因为吃了大量的奶酪而导致的肠胃消化不良。我的酒量一向是一杯就醉，于是彻底昏迷，大家只好抬着不省人事的我到阁楼。到了阁楼，我发誓我记得我是以非常缓慢的动作，脸朝下栽进全世界最柔软的床上。

那看起来一点儿都不起眼的床，有一张全世界最棒的鸭绒被，就算是六星级饭店的被子也没办法跟它比，真的差太远。从它柔软蓬松的触感来判断，我想应该有不计其数的鸭子要因此光着屁股，才能制作出如此惊人的超级柔软羽毛被。而我之所以称它为棉花糖床，是因为一躺下去就好像跳进了棉花糖里头，整个人都会被吞没。

一直到现在，我还是常常想起那张床，那张鸭绒被，怀念它的柔软舒适。那如棉花糖般的床，无论我怎么翻滚都能包裹住我的那床被，让我感觉像是睡在云里头，这样的形容，我想你的脑海中应该有点具体的画面了吧。

虽然我没办法亲自带你到瑞士阿尔卑斯因特拉肯冬季度假屋的阁楼体验那张有羽绒被的床，证明我所说的绝对童叟无欺。但是这故事里头最重要的，是一开始我所强调的，其实我们都有自己专属的棉花糖床，一张让你感到舒适、幸福、安全的床，在你疲惫的时候，给你最温暖的拥抱，为你的一天画上完美的句点。其实，那就是全世界最柔软的一张床了。所以，好好珍惜与善待你的专属棉花糖床吧！（天啊！一想到我家那张床，我就昏昏欲睡什么都写不下去了！）

最贵

对大多数人来说，在豪华饭店、度假村或私人别墅花上几百或几千美元住一晚并没什么大不了。我自己就住过新加坡丽嘉登酒店及超级奢华的丽江悦榕，也住过澳门葡京酒店的总统套房，但是这两个都不是我睡过最贵的床。我个人睡过最贵的床的殊荣，要颁发给 1998 年我和姐姐一起睡的双层床铺。没错，有上下铺的那种床，而且床是放在一个移动中的大铁盒里头。

1998 年夏天，我和姐姐一起当背包客环游欧洲，夜宿青年旅馆，四处投靠朋友、省吃俭用玩遍欧洲各地。我们刚花了好几天时间从瑞士一路玩到意大利、西班牙，现在正在火车站，要买从西班牙马德里开往法国巴黎的卧铺火车车票。

因为当时还没开始使用欧元，所以几个星期下来我们手上有各种国家的钞票。因为是最后一班车，所以我们慌慌张张、匆匆忙忙地买了车票，赶紧跳上火车，完全没有发现，我们刷卡六万西币所买的车票，换算成美元是四百元而不是四十元。

上了火车我们一节一节车厢找位子，经过豪华的私人头等舱套房（有冷气以及卫浴设备）我们连想都没想就直接跳过，继续前往下一个车厢，然后发觉不对，回头仔细看门牌，找到我们的房间。你可以想象两个背包客，在 1998 年一班马德里开往法国的火车上，瞪大眼睛看着双层床铺（还附自动升降梯）、洗脸池、冷气和厕所时有多么的惊恐吗？我们还自言自语：喔！这就是我们的房间。然后才恍然大悟，原来我们刷卡六万元西币的是头等舱不是经济舱，于是我和姐姐的表情在短短几秒之内从惊喜、难以置信、兴奋、转变成发现汇率换算错误之后的惊骇，而且惊骇指数完全爆表。

不过，谢氏姐妹并没有浪费四百美元，我和姐姐在接下来的八小时非常努力地使用房间的每一个角落。我在洗脸池中至少刷了六次牙（怎样，我就是想刷牙啊！咬我喔！），我不停地用自动升降梯上上下下一直到头晕，我们在火车上不停地进进出出车厢，然后四处晃来晃去，内心激情澎湃但是又得故作稀松平常、满不在乎地向其他旅客炫耀，心里头不断地下旁白：我们是谢氏姐妹，就住在（这时候必须先停顿几秒钟，然后加上点轻轻、骄傲地咳嗽声“嗯哼”）——头等卧铺套房。（但是当我们收到信用卡账单的时候，完全是垂头丧气无法抬头走路。）

虽然那张床只比我六岁时睡的单人床大一点点，但是在我心中，它却是我睡过最贵的一张床。而且，你知道吗？四百美元只能待八小时，八小时花的钱，是我们那一趟欧洲之旅所有住宿支出总和的两倍。

不过，那一次难忘的乌龙事件却成为我和姐姐这十几年来最难忘也是最甜美的回忆。金钱来来去去，有时多有时少，但是回忆却永远不会抹灭，永远陪伴我们成长。

最拥挤

这其实还蛮难选的，身为一个清苦的旅行者，我睡过太多拥挤的床，所以真要选出最挤的还真不容易。不过我倒是记得有一次跟十几个小孩在露营的时候一起挤在一间小木屋里；另外一次是十二岁，得克萨斯州名家小提琴乐团的所有成员溜进姐姐和我的房间喝雪碧配红酒，然后我们一个一个分别昏睡在浴室、床铺、衣柜以及房间的各个角落；还有一次是我和好朋友熬夜聊天、看恐怖片，最后所有人像仓鼠宝宝一样依偎在一起睡着。

素昧平生从未碰过面的六个人，来自四个不同国家、为什么会一起挤一张床的由来。是的！这是我有史以来睡过最挤的一张床！

好吧！因为这篇文章讲的就是“最”怎么样这件事，所以还是得要有个决定。我想我睡过最拥挤的一张床应该是在法国尼斯，六个人像沙丁鱼罐头一样挤在一张小床上。我知道，六个人听起来不是那么多，似乎也还好，但是你知道吗？这六个人（加我六个）是在走进房间之前的五分钟才认识的，而且六个人都没有衣服可换、没有牙刷可以刷牙、没有真正聊过天讲过话，甚至大家都没有多余的钱，所以才会可怜兮兮地一起挤在一家破旅馆。

事情是这样的：我和姐姐在尼斯的海滩享受了美好的一天，玩水、欣赏风景、同可爱的法国小男孩约会，很棒的一天。而且因为时间很充裕，可以放缓脚步慢慢来，不必赶时间，我们身边也没带什么东西，所有的衣服、日用品、大部分的钱都放在背包里寄放在车站，只留些随身物品。我们只要在七点之前去火车站的行李寄放处拿背包，然后搭七点十五分的火车离开，时间绰绰有余。

离开海滩之前，我们仔细检查了一次随身的东西，确认寄放处的票根、护照和火车票都在身上，才放心地前往车站拿行李。下午六点五十二分，我们手拿票根来到寄物处的大门前，工作人员正准备锁门，于是我们用很蹩脚的法文说要拿行李赶七点十五分的火车，麻烦让我们进去拿完行李他再关门，毕竟时间还没到，还有八分钟才七点。

准备关门的工作人员却以破破的英文回答："关门了！明天再来！"

我和姐姐当场傻眼，为了确认他没搞错，或是因为他的英文太烂，文法不好，分不清楚现在式和未来式的不同，更要确定他不是在开玩笑，所以我们又重复了一次，请他让我们拿行李（我们明明看到后头的门还没关）。这几句对话花了我们三分钟，所以这时候是六点五十五分。

他又重复道："寄物处门关了，明天再来拿。"这次的语气很坚定，让人不但不再怀疑他的英文能力，也确定他真的不是在开玩笑。

这下我们紧张了，我们试着解释火车快要离开，行李却还被锁在里头，距离不到两米，况且时间又还没到，寄物处明明是七点才关门，我们可是提早八分钟来拿行李的。

他回头看看背后的钟，显示七点一分，我发誓是他的钟快了！然后他看着我们嘻嘻窃笑，又再说了一次：“寄物处关门了！明天再来。”然后关门、上锁、离开，留下气急败坏的两姐妹，难以置信地张大嘴，瞪着他越来越远的背影。

14 分钟后，本来应该载着我们前往下一站的火车离开了，而我们却依然手拿寄物处的票根，傻傻地站着，完全不知道该怎么办。时间缓缓流逝，黑夜终于降临，我们回过神，左看右看，注意到有四个女生脸上也是挂着绝望、不知所措的表情，分开站在寄物处附近。走近一点观察才发现，她们每个人手上也都拿着寄物处的票根。

这就是我们六个人，来自四个不同国家、素昧平生从未碰过面的人，为什么会一起挤一张床的由来。是的！这是我有史以来睡的最挤的一张床，也是我们六个人掏出身上所有的零钱勉强凑出来的一张床，没有衣服可以换、没有牙刷可以用（欧洲旅馆不提供牙刷）。

但是，这个意外多出来的尼斯之夜也不是全部都很糟糕。这趟欧洲之行，我和姐姐都是住在有宵禁的青年旅馆，所有都没有机会见识当地的夜生活。然而这晚，我们住进了真正的旅馆，所以晚上我们就跟其他四个女生一起离开房间，沿着沙滩散步。

就某个角度来看，我还真得谢谢那位法国车站寄物处的工作人员，感谢他给我们机会体验月光下尼斯的美丽沙滩。虽然我们身上没有一毛钱，但我们有相机和好奇心，还有刚刚认识的新朋友。

我和姐姐觉得很安全，并不会因为这件意外而担心。甚至在路上遇到喝得醉醺醺、走路摇摇晃晃的醉汉，对着我们高唱美妙的法国诗歌时，我和姐姐还是不会觉得危险。（或许他们只是模糊不清地胡言乱语，但是对我来说，这些胡说八道的法语听起来就像是美丽的诗歌！）

最血腥

最血腥的大概是我和姐姐、妈妈在尼泊尔中北部安娜普娜脊一起睡的那张床，因为有水蛭出没。我个人似乎对吸血的生物有特别的魔力：蚊子爱死我，我是最佳的防蚊液，只要跟着我，除了我之外不会有其他人被蚊子攻击。蚊子会盘旋在我周围，似乎已经拟好战略，只攻击我，不攻击其他人。然后那一天我又发现，原来连水蛭都特别喜欢赖在我身上，吸我的血。

水蛭的牙齿很锋利，唾液有抗凝血以及麻药的功能，所以就算被咬也没什么感觉。因此，当我和姐姐以及妈妈在同一张床上，像个小孩一般沉睡的时候，虽然她们跟我一样都有暴露在棉被外的鲜嫩肌肤，但是尼泊尔水蛭像是装上了自动导航系统，只来亲近我的腿（幸好只有我的腿而不是其他部位），吸血吸到饱，仿佛我的腿是能让它们吃到饱的自助餐厅。但是水蛭有时候还是会让我感到瘙痒，于是我在睡梦中会不由自主地摩擦双腿，你能想象我把那些吸得饱饱的寄生虫——压扁的声音和景象吗?

我醒来时，床上到处是被压扁的环节动物，以及它们肚子里的血（基本上那应该是我的血），整个床上血迹斑斑。“好恶心！”你一定会这么说是吧！没错！那正是一早醒来，我们母女三人异口同声说出来的话。

感谢尼泊尔水蛭，还有美丽的喜马拉雅山区附近的某个村落，那张让妈妈、姐姐和我一起睡的最血腥的床铺。

打包行李二三事

常常有人问我该如何打包行李，其实每次出门旅游前我也会问自己同样的问题。打包的时候我们总是会忘记某些重要的对象，另一方面却又带太多用不到的东西。

所以，什么才是最好的打包方式呢？其实这真的得视情况决定。我知道你一定很讨厌我这样说，说了等于没说，但我不是糊弄你，真得视情况而定。

为了真正帮上你，也为了感谢你买这本书，同时证明我不是信口开河随便乱说，所以我依照旅游类型把自己打包行李的秘诀分门别类。但是这只能让你参考，不算是完整的清单，完整的清单必须加入你自己的意见，因此我特别预留空间让你写下自己的秘诀。

打包其实是经验的累积，对大多数的人来说，该如何打包行李？你需要带什么？你认为你需要什么？你又真正需要什么？等等，这些都必须要等到你有充足的旅行经验之后才能学会。

我衷心希望你永远都不需要用到我的这张列表，而是有能力列出属于自己的个人清单，因为这代表你已经亲身游览与经历了这个美丽的世界。

那么到底该怎么打包呢？也许你认为干净的内衣裤非带不可，但是某些人宁愿选择“不穿内裤”好空出位子放个会说会动的星际大战尤达公仔。所以该放什么到行李箱里是没有规则的，以下是我的建议清单：

01／

Janet 的打包秘诀——探险旅游篇

- 若不确定到底需不需要它，就不要带；多数情况下，你用不上。（我发现旅游时我用到的东西比在家时少很多。总之呢，即使忘了什么没带，多半还是可以在旅行中以合理价钱买到。）

- 绝对不要带任何你遗失了会伤心得哭天抢地的东西，譬如说贵重或有纪念价值的珠宝、祖传六代的传家之宝、无可取代的珍贵照片，或非常喜爱的华丽服饰等等。

- 在床上摆出所有你认为会用到以及想要打包的物品，然后，拿掉其中的一半。只剩下另一半就好。你真的不需要用到所有的东西。没有人会注意到你连续两天或三天穿了同件衣服。相信我。这么一来，你不但能保留空间、带着轻量级行李或背包旅行，还有更多的空间能摆放旅程中所有你想买的礼物和纪念品。

- 大家都说除了足迹什么都不要留下、除了照片什么都不要带走，但每次去第三世界国家，我都习惯带些旧 T 恤、旧裤子和旧鞋子。这不但能穿得低调些（衣服是大喊“我是外国人！请来抢我、请来占我便宜吧！”的标志），而且在遇上需要的人的时候可以送给他们，既有价值又很实用，可以让他们开心。虽然这并不是什么大礼，但我却因此而认识许多朋友。

- 衣服卷起来收纳比折叠的方式好，因为这样能空出更多空间。

- 多利用真空袋，效果惊人！

- 带一本好的旅游指南书、一本好的闲书、一双好走的鞋、好的方向感或起码敢问路的胆量、一颗冒险犯难的心，以及一份幽默感。

---

02 亚马逊等热带雨林区或蛮荒丛林区的打包秘诀

- 强效的防蚊液。我个人偏爱 DEET（敌避：化学成分避蚊胺），这东西效果很神奇，但要确保别直接喷在身上，否则肌肤可能会灼伤；也不要在空间小又密闭的场所使用，不然你可能会中毒。不过，蚊子真的非常讨厌这东西，因为蚊子讨厌所以让我更爱这玩意儿！

●带蚊帐。但是一定要确认蚊帐没有破洞，尤其是在睡前，绝对绝对要确认这点，不然你可能会把蚊子给捕进蚊帐。然后被那恼人的嗡嗡叫搞得整晚睡不着。那种想睡的时候，逼近你耳边、想要吸你血的威胁，让人不胜其扰。更气人的是，一旦开了灯，拿起电蚊拍，准备好来场终极大反扑的时候，蚊子却消失得无影无踪。

●如果可能，我非常非常想把所有衣服都先浸泡在防蚊液里，然后再穿上。

●若这还不够，就买件采蜜人穿的特制衣，把身体包得紧紧的，不让身体有任何一部分暴露在外面，让那恼人、吸血的食客无机会下毒手。

●带相机拍下有如德古拉吸血鬼一般，千方百计想要吸你的血，身体大小有如手掌的蚊子。

●千万别带香水！我再次郑重声明，千千万万、绝绝对对不要带香水或任何有果香、花香的化妆水，那会让你自找苦吃。（你要不就是闻起来香喷喷但全身被蚊虫咬得像出水痘，或是忍耐几天的体臭，避免碰不到的尴尬部位被叮得痒痒痒，你自己选吧！）

●带疟疾丸。（它有种相当妙的已知副作用，那就是会让你感到很有精神、睡觉时做很美的梦。）

- 我想你应该发觉我跟蚊子的仇恨不共戴天，四处征战丛林或热带雨林的探险过程中，让我最难以克服的威胁就是蚊子，我也因此学会如何对付蚊子，练就一身抗蚊大法。每个国家、小镇，甚至是我遇到的每个人都有自己的一套免于被咬的方法——香茅喷雾、百灭宁、柠檬桉油、天竺葵或大豆或椰油制的化妆水、茴香、百里香、丁香油、芹菜萃取、印楝油、维生素B1、大蒜的混合物，我几乎都用过，未来我也会继续尝试。事实上如果全身抹上麻油可以让我免受蚊子的狠毒之吻，我是一点都不会因为我的味道感到丢脸。(没错！我的确这么做过，而且效果很好，但是我闻起来很像一盘经过卤汁浸泡、炒过的盐酥鸡！)

- 额外物品：净水瓶或药片，以及一些电解液、盐片或盐粉。

---

03 尼泊尔喜马拉雅山等类似高寒地区的打包秘诀

- 带双层防水、健行用的好鞋。

- 好睡、温暖又轻盈的睡袋。

- 高山症药丸或氧气供应器。（现在有轻型、旅行用的大小，我爱死这个玩意儿。）

- 不要吝啬花钱，因为在这些高海拔地区，你的生命随时都会处在危险状态。你不会想要在那儿生病，然后因为头痛得快要爆炸而窝在暖和的睡袋里，因此错失欣赏美景的机会。

- 最困难的部分就是行李要轻，这真的很矛盾。虽然你需要所有救命的装备，但在海拔四千米、屁股被冻得受不了，氧气、体力、精力不足的情况下，你却想把所有东西都丢掉，完全不带任何东西爬上山顶。每增加一公斤的物品都让人觉得像是多了十公斤。所以，只要带绝对必要的救命物品就够了，其余的都搁一旁吧。若两件 T 恤就够你过日子了，那就把其余三件拿掉吧。睡觉时一定要抱在胸口的婴儿枕头，我想还是把它留在家里吧！（这其实是讲给我自己听的，我的宝贝婴儿枕头从我出生用到现在，没它我会很难入睡，既然连它我都可以不带，你更应该相信我的这项建议。）

- 其他物品：大灯、指南针、多功能组合刀或瑞士刀、哨子、反射镜、打火机、胶带、防水及防风的火柴、防水的快速火种、发热生存毯。

04 大溪地蜜月等五星级全包式度假村的打包秘诀

- 除了比基尼、充足的防晒用品、装纪念品的大空箱，什么都不要带。（从早餐到洗泡泡浴的沐浴露，这些度假村通常都会有。所以，你只要想好怎么晒到最完美的古铜肤色即可。啊！那你好像连比基尼都不必带去！）
- 买些精致的纪念品送 Janet。

05 印度冥想/瑜伽修院的打包秘诀

- 什么都不用带，因为你必须在那里自己种点东西长出些什么来，或者 DIY 做些东西自己用。
- 好吧！如果不带点东西不行，那就准备些内衣，这样就够了。
- 带本日记写下所有可能获得的启示和进展，谁知道呢？也许你会发现生命的秘密。无论如何，只要你会探索到某些让人顿悟的思想，有了这种深刻的体悟，谁还需要衣服或是奢侈品呢？

06／

非洲狩猎旅行的打包秘诀

● 多带点香蕉和新鲜的肉自保，避免动物们因为太饿而吃掉你。

● 不要带那种鲜艳或20世纪80年代闪亮亮的衣服，或任何太过都市的服饰。我听说动物会攻击品位糟糕的人，会吃掉他们以示警告。

07／

奢华海滩、SPA旅游的打包秘诀

把我打包进去吧！

带我走！

08／

鞋子的打包秘诀

好吧，我必须承认，这是我还没想好的类别。身为一名女人，我从不知道该带哪双鞋、不该带哪双鞋、该穿哪双鞋、该打包哪双鞋、哪双鞋早在1986年就该丢掉。所以，当我搞懂的时候，我会告诉你。但在我搞懂之前，我还是会有一只单独装鞋子的行李箱，而且大概每次旅行都会继续买鞋子。我就是无法抗拒鞋子的诱惑！我是个不完美的人，而鞋子，正是我的要害。

不过你真的要确认有双好穿、好走的鞋子，一双淋浴时或懒得系鞋带时穿的人字拖，也许再加上一双好看的高跟鞋或正式的鞋子，以备晚宴的不时之需。喔，还有，一双又舒适、但有点跟、配上裙子或牛仔裤都好看的鞋子。唉！真讨厌！

---

09 我个人的打包清单

（没有特定顺序。）

- 一本好书
- 日记本
- 我的枕头
- 一个拿来拍照用的布偶小狗（我的是 Wally 和 G.B.，它们和我一起旅行了四十个国家，在不同的地方和不同的人一起拍照。）

- 相机
- 开放、好奇的心
- 强壮的胃和消化道
- 当地钱币和一些美元
- 护照

- 多准备些护照大小的照片（有正常、可笑的“不同程度的愚蠢护照相片”）
- 票（飞机、火车、公交车、船）
- 紧急联络电话（妈妈、爸爸、大使馆、当地医院）
- 旅游指南
- 防晒品
- 护唇膏
- 眼罩
- 精油
- 防虫膏、防虫化妆水、防虫喷雾或腕套
- 万能转接插头（因为这世界很奇怪，就是有人认为每个国家使用不同的插孔比较有趣，因此各自研发不一样形状的插头与插孔。）
- 分装用的袋子或盒子
- 藏护照和钱的暗袋
- 超轻、超快干的毛巾
- 睡袋内衬
- 耳塞
- 长途健行就带运动护腕和水泡护具或创可贴

10／我绝对不会带的物品

- 笨重的化妆品
- 吹风机
- 电子产品或需要插电的物品
- 贵重珠宝
- 对目的地文化或当地人的预设立场、成见

旅途中的美丽秘诀

即使是身心保持在最佳状态，要每天气色良好也不是件简单的事。尤其是当你在繁忙的机场枯坐两个小时，然后在看不到尽头的队伍中龟速前进，就为了走过 X 光机让警卫搜身。

好不容易排完队搜完身，却又要挤进半米宽的狭窄座位里头长达六个小时，身边可能坐了个身材魁梧又很会打招呼的家伙。我想如果你在旅行的过程中遇到这些状况，“美丽”这个词大概完全不会跳进你的脑海，更别提想让自己在旅途中“看起来美丽”了。

但是撇开这些恼人的过程，许多人还是很希望自己是漂漂亮亮地走在巴黎街头，所以非常关心旅行中美容保养的问题。

关于美容保养的秘诀，你可以从电视、广播、报章杂志和网上获得大量的信息，但是有时候这些大量的讯息会让你头昏脑涨搞不清楚方向。其实每个人都有他独门的美容秘诀和出门必带的保养圣品。

如果你真的全盘接受这些所谓的独门建议，那可能永远都出不了门，因为你的行李箱会跟柜子一样大，而且当你把所有的保养品都擦完之后，也差不多该打包搭飞机回家了。

为了更深入了解如何在旅途中保持美丽，我请教过几位全球顶尖的美容专家。第一位是我的奶奶，她虽然已经 88 岁高龄了，却拥有完美无瑕的肌肤。

第二位是我妈妈，66 岁的年龄却拥有三四十岁的脸庞，而且皮肤的柔软程度和小婴儿的屁屁不相上下（曾与我外甥比较过）。听过她们的建议之后，我整理出了一套属于我自己的谢氏出门旅游保养秘诀。

我们最常犯的错就是带太多保养品，带的比用的多很多，超出实际上需要的量。我们都太重视面子问题，所以宁愿把备用的内衣裤拿出来，也要换成“高级精美进口专业鼻毛修剪组合”。

所以关于旅行保养秘诀，我的第一个建议就是“不要带鼻毛修剪组”。基本上，整个假期不拔鼻毛、耳毛或其他私密部位的体毛应该不会造成什么大问题，除非你有可能会把那些工具挪作其他用途（总是会有意外的嘛）。

例如除了可以拔鼻毛、眉毛、耳毛之外，还能像马盖先[#] 一样当作临时的螺丝起子、开房门的工具、咖啡搅拌棒或是牙签，甚至在紧急时候当作炸弹的简易引爆器。如果你真的会把拔毛组转作这些用途的话，你就带着它吧，我还能说什么呢?

放弃拔鼻毛组其实并不在我本人的美容档案里，真正的主题从以下的文字开始：

[#] 马盖先，台湾的一种户外装备名称。
——编者注

谢氏旅行美容保养秘诀

01 / 润肤乳液永远不嫌多

搭飞机对皮肤有害这件事大家都知道。原因是机舱内的空气非常非常干燥，干燥的空气会造成皮肤水分急速流失，伤害皮肤。搭飞机的时候，我通常会用小瓶子分装乳液随身携带，一上飞机以及小睡醒来就擦。除了擦在脸上，也可以抹在手上和其他你觉得特别干燥的部位。

飞机上通常都会提供湿纸巾，我会用它来擦脸，擦完再抹乳液，这种清洁保养方式对鼻子周围以及嘴唇的保湿特别有效。

等一下我还会介绍更多保养嘴唇的方法，我们还是回到“滋润”这个主题。有些人喜欢用液状保湿喷雾，大约两小时喷一次就能让你保持滋润。如果飞行时间真的很长很长，我会在用餐后与睡觉前的空当敷面膜，虽然这会让你看起来像电影里戴着曲棍球面具的杀人狂魔杰森，但是我不在乎。

飞机上敷面膜一定要有不在乎别人眼光的决心，以我丰富的飞机上敷面膜的经验，我保证你一定会听到乘客甚至是空乘人员，说些嘲笑你的话，但是想想看，两种面子到底哪个比较重要?

02 /

多用护唇膏

我个人比较喜欢用有防晒系数的护唇膏，虽然飞机上不会晒到太阳，但是防晒用护唇膏通常都会比一般的护唇膏更厚更油，非常适合在长途飞机上使用。而且你一定希望自己随时保持美美的，因为任何时候都有可能遇到像布拉德·皮特的大帅哥。

03 /

多带防晒乳液

而且是要多带很多。所有的行李中，只有防晒乳液我才建议你一定要多带个一两瓶。防晒乳液有很多种，有擦脸的、抹身体的、防水的、比较不油的、小孩专用的。还有适合每天涂抹的低系数防晒乳液，以及防晒系数高达 190,000 的，属于专业等级，专门用来对付卡那封、西澳、马里巴这些紫外线超高的地区。当然你不必每种都带，只要带一种你觉得最好用的就可以。大容量包装的一瓶就够，不必多带一瓶。

有时候你还可以把防晒乳液当作润肤乳液或是防蚊液，所以对防晒乳液不要太过节省，它能避免你痛苦的脱皮或是二度晒伤。听过“预防胜于治疗”这句话吧，预防讨厌的皱纹绝对比事后烦恼要怎么消灭它们容易得多。

04 /

多喝水

这好像不说大家也都知道，但是当我们真正在旅行的时候，却常常会忘记补充水分这件事。（喝汽水以及在酒吧喝酒并不会补充体内水分，反而还会让你更干燥。）

缺乏水分会让你觉得好像生病了，身体容易疲劳以及身体肿胀（这好像有点矛盾，但是当你缺水的时候，身体会把体内所有的水储存起来）。说得夸张一点，严重缺水还会导致死亡，而且死状不会太好看，所以多喝水准没错。

充足的水分会让你的皮肤和头发变得光泽亮丽，多喝水还能减肥。其实保持青春美丽的头号秘诀就是生命的基本元素——水，所以大家一起多喝水吧！干杯！

PS：谢氏旅行美容保养秘诀编号 4½：虽然现在机场严格限制带水上飞机，瓶装水无法通过机场安检，但是我还是会带一个空瓶，上飞机后请空服员帮我装满水。飞机上喝水永远不嫌多。如果你担心要常跑厕所，怕打扰隔壁的乘客，选位的时候记得选靠走道的位置。

05 /

多睡美容觉

通常我都是犯懒时才会说我要睡个美容觉。但是好好地睡个觉，甚至小睡十分钟都能让你恢复精神容光焕发。我出门旅行习惯随身携带眼罩，帮助睡眠。但是这因人而异，我是对光很敏感，而且睡得很浅，所以把眼睛遮起来能让我自我感觉良好，像是睡在我家舒服的大床上，而不是被局促在比婴儿座椅还小的空间里。

现在还有美容眼罩，当你戴着睡觉的时候，它会轻轻地帮你按摩眼部周围，让你睡醒时不会眼睛浮肿。我也喜欢带一小瓶我爱用的精油，轻拍一点在旅馆枕头、飞机椅子你闻得到的地方，或是浴缸里，让你放松，好像在自己家里一般舒适。

PS：我的秘密：出去旅行，我一定会带着我从小用到大的婴儿枕头，靠着它睡觉会带给我安全感。即使是住在只能带些生活必需品的宗教招待会所，我也会带着它，它就是我的生活必需品。每个人都应该有自己专属的“安全感枕头”，可能是小毯子或是绒毛布偶。如果你没有的话也没关系，因人而异。写到这里，我开始怀疑我是不是童年缺乏安全感，才这么需要我的婴儿枕头？

06 /

善用小容器

旅行的时候，我喜欢把东西分装，特别是乳液、卸妆水和化妆品等等，打包行李的时候顺便分装在小瓶子里，贴上标签让你方便使用。

你也可以用这个方式携带适量的沐浴乳或是洗发水之类的清洁用品，然后每次出门前记得再作补充，否则你一定会想把整个浴室都带走。

但千万记住不要使用按压式的容器去分装，你会给自己带来超乎想象的麻烦。不管你确认多少次有没有关好瓶口，到最后一定还是搞得你整个背包都是。如果不想花钱买小瓶子，有些旅店里的洗发水、护发乳和沐浴乳的瓶子刚好适合旅行使用，你可以把它们带回家。但是我建议你把原本的东西倒掉，换成你平常用的，这对你的皮肤和头发比较好。

你也可以去购物中心的化妆品专柜要一些试用品，那些小包装很适合两三天左右的短途旅行使用，而且你也正好找到机会试用，选择你以后想用的品牌。

07 /

尝试一丝不挂

有时候什么都不穿可以让你在旅途中保持美丽，你可能觉得我疯了，觉得我一下飞机一定立刻被逮到警察局作笔录。其实我的意思是脸上一丝不挂，不要涂抹任何东西，让皮肤好好休息。既然你的身心都在度假，不如让你的皮肤也好好放个假。如果你没化妆真的羞于见人的话，那就化淡一点。反正你又不必在飞机上走 T 台，大可不必化上大浓妆见客，用一点肤色的遮瑕霜就可以。相信我，你的皮肤一定会感谢你的。

随身携带的实用物品

01 /

抗菌乳、湿纸巾或抗菌喷雾

我们的手上多少都会带有细菌，所以除非你有自信你的手不会碰到脸以及其他敏感部位或是婴儿，不然还是花点钱买一瓶带着吧！

有清洁效果的，清凉提神的或是婴儿用的湿纸巾，在想洗手却没水的时候、累了一天想洗个脸顺便凉快一下的时候或是去些厕所不提供卫生纸的国家的时候都很管用。婴儿用湿纸巾可以用来擦拭婴儿的屁股，保证也可以用来擦你的脸。现在还有一种抗菌功能的湿纸巾，万一你觉得厕所的门把手很恶心，你也可以先用湿纸巾擦一下再去开门。

02 /

品质优良的脸部清洁用品

你的脸会习惯特定几种清洁用品，所以并不建议你使用饭店提供的肥皂来洗脸，因为那会让你的脸更加粗糙与干燥。

03 /

免冲式护发乳

旅馆提供的洗发水或润发乳都很廉价，所以空间够的话，带瓶免冲洗式护发乳。有些人甚至会在上机前使用，然后用帽子或围巾把头发包起来，这样下飞机时头发就能非常的清新柔顺。

04 /

牙刷、牙膏或薄荷漱口水

我喜欢带小容量的口腔用品上飞机，因为那会帮助你入睡（人是惯性动物，相信大家都已经习惯睡觉前刷牙）。在降落前也可以清洁一下口腔，以干净清爽的面貌与一口好口气见人。

05 /

轻薄的外套或围巾

飞机上通常都会比较凉，外套或围巾不但能保暖，还可以当作枕头或靠垫。去较保守的地区时，也可以随时用来遮掩过于暴露的地方；参加布道大会之类的正式场合还可以临时充当裙子；遇到突如其来的大雨还可以当雨伞；遇到前男友或女友还可以用来把脸遮住（地球是很小的，难保你在路上不会遇到）。

06 /

干净的袜子

有些人在飞机上容易觉得热、容易流汗，有些人则是觉得冷，我指的是脚不是身体或心理。脱下袜子，换上一双干净舒适的袜子会让你感到很舒服，也可以避免你的脚臭在机上的空气循环系统中不断攻击其他人。

07 /

衣物柔软精

这是一个让你连续好几天穿同一件衣服也不会被发现的小秘诀。在行李箱里放一点衣物柔软精会让衣服闻起来像是刚洗完烘好的。但是如果你的衣服发霉了，那你可能得要想想其他办法。

08 /

口香糖、口气清新剂

如果你忘了或是懒得带口腔用品，至少你也要有口香糖或是口气清新剂，除非你想用口臭吓跑你的客户、亲朋好友或是海关人员。如果你运气好遇到大帅哥或是大美女时，口香糖还可以当作缓和尴尬气氛的工具呢！

我知道这跟美容秘诀没什么关系，只是很婆婆妈妈地想提醒你，不要忘了带一双舒服的鞋、一本好书、一些维生素和眼药水。

最后这个建议只是建议，我本人没试过，因为不太想当白老鼠。或许你已经知道，甚至亲身体验过、认证过，如果你真的试过而且真的有效，麻烦想个办法通知我，我会比较有勇气尝试。我听说飞机上厕所里的马桶座纸垫的材质同药妆店，或是高价的美容用品专柜的吸油面纸一模一样，只是用途跟包装不太一样，还有形状也不太一样，马桶座纸垫是以马桶座的形状出现。

既然材质一样，理论上效果应该也一样。所以如果你脸很油又没带吸油面纸，就拿一张马桶座纸垫敷到脸上吧，以马桶座纸垫的面积来看，它应该可以彻底把你脸上的任何一滴油给吸干净。

终于全部讲完，以上就是我的美容秘诀。我想我大概是少数几个可以把美容秘诀讲成一场灾难的人，不过就像一开始就强调的，这么多美容秘诀有时候真的会让你不晓得该相信谁，也不知道哪一个秘诀会把你彻底毁灭。

现在，不论是浪漫度假、骑着驯鹿在阿拉斯加

自助旅行、搭飞机绕半个地球，或是开车南下过周末，有了谢氏旅行美容保养秘诀你再也不必担心了。

不管如何舟车劳顿，你的脸一定会看起来完美无瑕你可以潇洒自信地走下飞机、车、船或是驯鹿，但是麻烦你优雅地走下飞机、车、船或是驯鹿之前，请先确定没有马桶座纸垫的小碎片黏在脸上。

亲几下才不失礼

除了母亲以及过度热情的阿姨（她永远搞不清楚状况，会对附近所有的小孩施以窒息之吻，同时还附赠喷了过量香水的热情拥抱，我猜她至少喷了超过十次在超市大特价时买的香水）之外，我第一次和其他人亲吻是在十一岁的时候。

而且不是只亲一个人，短短的两分钟内，我大约和三十个人亲吻，不是我亲别人就是别人亲我，两分钟三十人。

对一个十一岁的小女孩来说，不！我想应该是对任何人来说，都太过量了！

那一次是我真正开始学习以亲吻方式互相问候，而且因为我正在一间聚集了三十位跟我一样年轻的小提琴初学者的房间中，所以我也接受了三十次以上的亲吻。

事情发生在我第一次和我的小提琴老师，以及得克萨斯州名家小提琴团体一起出国表演，行程包含法国、德国、荷兰和瑞士。在巴黎机场，我们这群青涩、兴奋、喧闹的孩子一出海关，措手不及地马上受到接待家庭和他们子女的热情欢迎。

当时的我们都还保留着珍贵的初吻，然后突然莫名其妙地被卷入亲吻的旋涡，奉献出每一个小朋友的第一次。那时候才体会到欧洲的亲吻文化真是博大精深。

在欧洲，亲吻是感谢与欢迎的一种表现方式，有时一次有时两次，有时左边开始有时右边开始。我们学着把身体倾向前去亲吻，但是当默契不好的时候，两人会一起侧向同一边，于是不断发生鼻子撞鼻子的状况。我们在整趟的欧洲之旅中，还学习到在不同国家、不同的节庆、不同的心情、不同的时间，可以随时修正次数，进行高达三四次以上的亲吻打招呼方式。

为了避免类似的困窘与尴尬，你应该要熟悉各国关于亲吻的文化。我从个人对“国际亲吻学”的研究结果中，帮大家整理出一张清单，上面清楚记载各地的亲吻或其他问候习俗。不过如果我是你，我不会照本宣科熟读这张清单然后照着做。因为有时候突如其来的、不恰当的亲吻会是打破尴尬开始话题的好方法。不过我之所以劝你不要全部照着做的真正原因是，有些项目是我个人的体会，上不了台面，你看看就算了。

阿根廷 /

如果你是女的就两个吻，男的则是一个。

瑞士 /

从右脸开始，三个亲吻。或者，吃奶酪火锅掉了面包时，要亲吻同桌的人，或者喝了太多烈酒配奶酪锅，就必须要亲吻整个餐厅的人。

法国 /

不同地点，有一至六个不等的亲吻（布列塔尼是三个吻，蔚蓝海岸的话，五到六个吻都很正常）。

维多利亚时代 /

维多利亚时代的礼仪（如果你能搭特殊交通工具回到过去）：男士会亲吻女士的手背。

纽约（不过就快变成世界潮流）/

在脸颊上亲一个，或是飞吻。

西班牙、多数南美国家 /

一个非常热情的吻（特别是那个男人或女人很美）。

英国 /

站在适当的距离之外点头、小声地说“嗨”。

意大利 /

随你喜欢，多少个吻都可以。（但要注意，年长的意大利人会紧抓着你的脸，让你几乎无法呼吸，而且会猛力把你的脸拉到他脸上，好让他们不需要移动任何一厘米，但与此同时，你或你的头却会移动约一米，因血液都挤在头部而无法呼吸，几乎光速的移动速度会让你感到有些激动、眩晕。）

美国本土的传统 /

握手。（亲吻在有些地方是非法的。蓄有胡子的男人在印第安纳州不得“习惯性地亲吻人类”；在康涅狄格州哈特福德周日亲吻妻子是违法的；在艾奥瓦州锡特拉皮兹亲吻陌生人是非法行为。）

日本 /

鞠躬。越低越好，最好碰到地板。

泰国 /

把双手合十并放在胸前，且轻轻地点头。

比利时 /

同年龄的一个吻；大你十岁以上的长辈则要连亲三次以示尊重。

奥地利和斯堪的那维亚半岛 /

标准是两个吻。

荷兰 /

开始和结束都是在同一侧脸颊。标准是三个吻。不过，若是遇到长者，你可能会多加几个吻，最多达七个，以表示你最大的敬意。

阿拉斯加 /

磨鼻子。因为如果有太多肢体接触，怕会身体冻僵然后黏在一起。（可是很奇怪的是，波利尼西亚和马来西亚也是磨鼻子。）

新西兰（毛利人）/

类似上述磨鼻子的习俗，但可以先吃点薄荷糖，然后抓起另一人的手，同时压在前额和鼻子上。吹气、分享呼吸。

得克萨斯州 /

用力拍击彼此的后背。如果你没准备好承受牛仔式问候，你会被打翻、脸朝下跌倒在地上。也可能是熊式拥抱，如果你是接受的一方，会因为对方的猛力拥抱而感觉快要窒息；换句话说，你的脸有时候会被甩进对方腋下，但你不可以因此感到不悦，因为这是一种热情的表现。

夏威夷 /

会有某些古老的舞蹈仪式与较现代的冲浪文化融合而成的风俗，最后大家再围成圈跳舞。

加州 /

做任何纽约客不做的打招呼方式。

非洲部落 /

亲吻酋长走过的路。

墨西哥和中美洲当地的白额鹦鹉 /

锁住彼此的鸟嘴、轻柔地挑起彼此的舌头作为挑逗。然后公鹦鹉会立刻反刍食物到母鹦鹉嘴里，证明它的深深爱意。

比"Hello"更实用的问候语

关于学习语言这件事，我们的第一次接触通常是从哈罗（Hola、Konichiwa、你好）、谢谢（Merci、Kamsahamnida）开始。当然啦！妈妈一天到晚告诫你好孩子千万不能学，偏偏又特别容易让人印象深刻，归类属特殊"问候语"的脏话也是一种选择啦！不过为了保持形象保住我的饭碗，关于这方面我就不详细举例了。

可是一定要这样吗？一定要从问候或是感谢开始吗？其实你还有很多很多的选择。就像现在我要告诉你的这一句话，除了摆脱问候与感谢的魔咒，重点是非常实用，经济实惠、物超所值。无论你是去世界上哪个角落、待在哪家旅馆、遇上哪个人，这句话绝对直接切入重点，一定用得上，我个人保证你一旦学会绝对会开口说。

这一句话就是："不好意思！请问厕所在哪？我拉肚子，快挫赛了！"是不是很实用？而且放诸四海保证都很准。好吧！如果你怕对方有可能是艳遇的对象，想留给对方一个好印象，那你可以把"挫赛"拿掉。

别以为我在开玩笑，为了多卖点书所以瞎掰，我可是非常认真。这句话不但救过我无数次，也救了我好几条心爱的牛仔裤。

我之所以会从这句话开始学习语言并不是我常常有突发性腹泻，而是在旅行时常常就这么巧，在最紧急的时候偏偏附近没有厕所，然后你开始双腿交叉、全身颤抖猛冒冷汗，括约肌最多再 10 分钟就会松弛彻底解放，偏偏你又刚穿上新买的 CK 内裤。然后你心急如焚地查看地图，发现最近的公厕必须走 18 分钟，18 分钟减去 10 分钟，到公厕之前 8 分钟可爱的 CK 内裤即将完全报销没得救。

如果这时候你找个当地人用当地的语言说出："不好意思！请问厕所在哪？我拉肚子，快挫赛了！"当地人一开始或许会十分惊吓，无法立刻作出反应，等到他们恢复意识，察觉到你可能威胁周遭环境的时候，他们会立刻而且亲自护送你到附近最快最方便的厕所。我发誓有几个很棒的厕所，就是当地人带我去的。（很奇怪有些地方的人会隐藏最好的公用厕所，然后不让观光客知道，而且常常发生。）

想想看，再过 10 分钟就要一泻千万里这样紧急的时间内，你不但有私人专属的当地保镖护卫你去上厕所，而且还可能因此交到一个当地朋友。因为他们一定对你很好奇，你到底是哪里来的家伙，为什么会说当地话"拉肚子"或是"挫赛"这几个字。

关于旅行的各种演讲或是资料，很少会提到与厕所相关的话题。可是你有没有仔细想过，上厕所是多么重要的人生大事。为什么我们会记得在哪里睡得最安稳、哪一家旅店的床最舒适、在哪里吃到让人赞叹的美食、买了什么礼物回家给最爱，却完全忘了哪间厕所最好，或是哪间厕所最让人怀念之类的。

上厕所是每天甚至每个小时都在发生的事情，是我们生活中重要的部分，为什么却老是被放在最不重要的角落或是直接遗忘呢？我个人觉得，我们应该花点时间好好地讨论一下，尊重一下攸关每个人屁股的大事。

举例来说，你想过为什么会发明卫生纸吗？因为不是每个国家都有擦屁股的习惯。例如绝大多数的印度人都会在马桶边弄个水龙头，上完厕所直接用水清洗。你或许认为那很不卫生，但是印度人觉得用手拿卫生纸擦屁股不用水洗才是肮脏呢。

而蹲式马桶，让人可以蹲着上厕所，这种蹲着上厕所的马桶只有亚洲才有，西方人都是坐着上厕所。

你有没有想过是因为蹲式马桶让亚洲人蹲着上厕所？还是因为蹲着上厕所才发明蹲式马桶？是因为西方人小腿比较长，没办法蹲着方便，所以才有坐式马桶，还是因为坐着上厕所才让西方人的小腿比亚洲人长呢？当你仔细去探究各国的厕所文化，会觉得这些问题还蛮有趣。

为了解决你的疑惑，免得你晚上睡不着，我就告诉你关于卫生纸的小小资讯。用纸清理屁屁的伟大想法起源于中国，但是真正制作屁屁专用纸，把卫生纸量化贩卖是在20世纪的某个时间，某位天才突然发现，为什么不能把写东西的纸，和厕所用的纸分开来呢？

很难想象吧！很难想象没有卫生纸的生活，

也很难想象就在一个世纪前，你每天都必须想办法解决擦屁股的问题，最少一次，或是两次，甚至是五六七八九次。

许多人习惯带着杂志、报纸或书本（好比你现在读的这本）进厕所消磨时间，趁着空当吸收新知，想想事情等等。但就在20世纪之前，卫生纸还没发明上市的时候，这些本来是用来阅读的书本，应该是经常完完整整地被带进厕所，然后少个几页出来（假设你是来自过去的人，然后在1845年读这本书，或是刚好整个厕所只有这本书是纸做的，那我会建议你用50~55页。那几页的质地比较好、特别软）。

哈哈，其实是因为我只花三个小时就写完那几页，所以我不会太介意让它们有其他更重要的用途，例如清理你的屁屁之类的。所以啊！我们都该诚挚地感谢，感谢发明卫生纸的人。

大家应该对厕所文化有多一点的了解和兴趣了吧！现在就让我们一起学习我最爱的这句话：

不好意思！
请问厕所在哪？
我拉肚子，快挫赛了！
Excuse me.
Where is the toilet?
I have expolsive diarrhea.

西班牙语

Disculpe, donde esta el baño?

Tengo una diarrea explosive.

法语

Excuse-moi, ou est le salle de ban?

J'ai diarrhea.

帛琉语

Nar ger a benjo. Agoo ma diil.

北印度语

क्षमा कीजिये, बाथरूम कहाँ है?
मुझे जोर से दस्त लगी है.

德语

Bitte entschuldigen Sie mich.

Wo ist die Toilette?

Ich habe explosiven Durchfall.

荷兰语

Excuseer me. waar het toilet is. Ik heb explosieve diarree.

日语

すみません。トイレはどこですか？

私は下痢です。

韩语

실례합니다？화장실이 있는 곳에 .

나는 폭발성 설사가 있다 .

闽南语

歹勢，便所底叨位？我挫賽！

阿拉伯语（由右至左读）

عذرتني. اينَ تكون غُرفه الحَمَّام ?
أنا أتلقى إسهال.

瑞典语

Ursakta, Var ar toaletten?

Jag har diaree.

匈牙利语

Elnezest, hol van a toalett?

Hasmenesem van.

希伯来语（由右至左读）

סליחה, איפה השרותים?
יש לי קלקול כיבה נוראי

俄语

Извините меня? где туалет. Я имею взры вно понос.

希腊语

Συγνώμη; πού είναι η τουαλέτα. Έχω την ε κρηκτική διάρροια.

瑞士德语

Ägsgüsi. Wo isch s'WC? Ich han explosive Durchfall.

PASSPORT
Nikon

Janet（谢怡芬）的人生清单

1. 出一张小提琴专辑
2. 拥有属于自己的时尚标记
3. 拥有一块土地（或一批高地马）
4. 登上珠穆朗玛峰
5. 发明一些有用的东西
6. 保存属于自己的记忆
7. 成为 TIME 杂志的封面人物
8. 成为电影明星（最好和布拉德·皮特合作，BOLLYWOOD 也不错）
9. 学会开飞机
10. 帮助保护濒临灭绝的物种
11. 尝遍各国美食
12. 再学习一门外语
13. 有一颗以我名字命名的行星
14. 探寻我的家族秘史
15. 禅修冥想
16. 捐赠一百万美金给慈善组织
17. 自编自导一部电影
18. 恋爱并组织家庭
19. 说服 100 个人戒烟
20. 出版一本畅销书

后记

2004 年 12 月的某一天，我的日记片断……

早上很冷，我一整天都处于激动的情绪之下，累垮了，到现在还无法静下心来。下午跟小月碰面，一起去 Discovery 试镜的地方。

一到那里，就有人带我们到会议室，问我们要找谁，并且递给我们名片。他姓谢，我说我也是，他说："你是不是某某某？"他露出困惑的神情，又问了我一次名字跟我要找的人。他一连问我好几次是否找对地方，因为我以为 Tim 是导演（结果他是制作人），我一再表示我与导演约好今天碰面，要讨论 Discovery 旅游生活频道的工作，谢先生则表示公司里没有导演。

严重沟通不良的情况持续约五分钟，我开始觉得非常失望、非常愚蠢又非常紧张。更糗的是，我还带了朋友小月一起来，现在才发现我可能搞错了！是我自己搞不清楚状况，真是对不起小月，现场让人既难堪又失望。

谢先生表示他去请老板过来，然后 Tim 走进来了。他看着我说："就是她……"他说有人把我的名字弄错了，并表示我是获选的主持人。

THE END OF THE BEGINNING

Janet Sharing

小月开玩笑说，不管他们以为我叫什么名字，只要脸孔对就行了！哈哈！我当时还不确定是否应该相信这真的是事实，因为不敢再抱任何期望。

于是，我又问他好几次我是不是获选的主持人。最后，经过几分钟的质疑，一些紧张的笑声，我差一点昏倒，心脏快要跳出来的情况下，终于肯定一切无误，我确实是获选的主持人。呼！

我实在无法用笔墨形容当时的想法，我已经准备接受残酷的现实——我不是获选的人，因为我一直不敢承认自己获选，不敢相信整件事，故意让自己置身事外，以免因为失望而大受打击。然而，我很高兴开始的不顺都只是一场乌龙，我确实是 Discovery 评选出来的主持人！

关于之后我在台湾的旅行，那又是另外一段精彩人生……

TO BE CONTINUED……

图书在版编目(CIP)数据

带100支牙刷去旅行 / Janet Hsieh(谢怡芬)著. 北京：中信出版社，2013.5
ISBN 978-7-5086-3709-9
Ⅰ. ①带… Ⅱ. ①谢… Ⅲ. ①游记－作品集－中国－当代 Ⅳ. ①I267.4
中国版本图书馆CIP数据核字(2012)第287189号

带100支牙刷去旅行

著　　者：Janet Hsieh(谢怡芬)
策划推广：中信出版社（China CITIC Press）
出版发行：中信出版集团股份有限公司
（北京市朝阳区惠新东街甲4号富盛大厦2座　邮编　100029）
（CITIC Publishing Group）
承 印 者：中国电影出版社印刷厂

开　　本：880mm×1230mm　1/32　　印　　张：7.75　　字　　数：136千字
版　　次：2013年5月第1版　　印　　次：2013年7月第2次印刷
京权图字：01-2012-4010
书　　号：ISBN 978-7-5086-3709-9/I•349
定　　价：35.00元

服务热线：010—84849555　　传　　真：010—84849000
投稿邮箱：author@citicpub.com